Susanne Mueller (Hg./Ed.)

Peru

in Deutschland

Germany International Bd. 1

El Perú

en Alemania

Germany International Vol. 1

Susanne Mueller (Hg./Ed.)

Peru

in Deutschland

Germany International Bd. 1

El Perú

en Alemania

Germany International Vol. 1

Cross Culture Publishing

Frankfurt am Main 2016

Die Deutsche Bibliothek – CIP Einheitsaufnahme
Ein Titeldatensatz für diese Publikation ist im Internet
bei der Deutschen Bibliothek erhältlich. **www.dnb.de**

ISBN 978-3-939044-32-1

1. Auflage, Frankfurt/Main 2016
www.cc-publishing.com

1. Auflage, Frankfurt/M. 2016
Editorial Assistance Spanish: Claudio Blasco Traducciones, Frankfurt/M.
Layout: Dr. Susanne Mueller, Marius Weber
Cover: Marius Weber, Bukarest
Druck: Graspo CZ, a.s., Zlín, www.graspo.com

Kontakt: mail@cc-publishing.com, www.cc-publishing.com

Grußwort des Botschafters José Antonio Meier

Es ist sehr erfreulich für mich, ein paar Worte der Begrüßung an Sie zu richten, anlässlich der Veröffentlichung des Buches *Peru in Deutschland.* Bildet es doch einen wertvollen Beitrag zur Verbreitung der peruanischen Präsenz in Deutschland, nicht nur von Vertretern der Regierung wie die Botschaft von Peru, die verschiedenen Konsulate und das Handelsbüro, sondern vor allem der Aktivitäten der Mitglieder der peruanischen Gemeinschaft in den verschiedensten Bereichen in ihrem Gastland, zusammen mit deutschen Bürgern, die sich mit Peru identifizieren.

Das Engagement und die Anstrengungen, die sie realisieren, tragen wie nie zuvor zur Stärkung und Verbesserung der Beziehungen zwischen den beiden Ländern bei, die eine lange Geschichte haben. Peru und Deutschland sehen sich miteinander verbunden seit der Ankunft der ersten deutschen Einwanderer in unserem Land, die auf der Suche nach einem besseren Leben waren, und auch durch das Vermächtnis von Persönlichkeiten wie Alexander von Humboldt, Max Uhle, Hans Heinrich Brüning, Maria Reiche, Ernst Middendorf, Maria Köpcke und anderen. Das Engagement und die Arbeit, die die Aktivitäten der Menschen und Organisationen widerspiegeln, die in dieser Publikation erwähnt werden, bezeugen den Geist und den Willen zur Verbesserung, die auch die demokratische Konsolidierung charakterisiert hat, ebenso wie die Stabilisierung und wirtschaftliche Liberalisierung. Beides erlaubte ein nachhaltiges Wirtschaftswachstum in den letzten 16 Jahren, das die Lebensbedingungen der meisten Peruaner verbesserte und die Voraussetzungen für eine bessere Zukunft schaffte.

Peru und Deutschland teilen gemeinsame Werte wie die Verteidigung der Demokratie, der Menschenrechte, freien Handel und einen geeigneten Rahmen für die Förderung von Investitionen.Das bilaterale Verhältnis hat in den letzten Jahren eine sehr positive Entwicklung erfahren. Es hat den Dialog verstärkt sowie die Zusammenarbeit erhöht, und zwar in mehreren Bereichen: Politik, Wirtschaft, Handel, Kultur, Umwelt, Sicherheit und Verteidigung, unter anderen.

Die bestehende Komplementarität zwischen Peru und Deutschland erwächst aus den Initiativen der Bürger beider Länder. Setzen wir unsere Arbeit fort, damit sie Hand in Hand geht mit einem höheren Wohlergehen unserer Völker und weiterem sozialen Frieden.

Berlin, August 2016 — *José Antonio Meier, Botschafter der Republik Peru*

Palabras de saludo del Embajador José Antonio Meier

Es muy grato para mí dirigirles unas palabras de saludo con ocasión de la publicación del libro *El Perú en Alemania,* que constituye una valiosa contribución a la difusión de la presencia peruana en Alemania, no solo de las representaciones gubernamentales como la Embajada del Perú, los diversos Consulados y la Oficina Comercial, sino en particular de las actividades que desarrollan miembros de la comunidad peruana en los más variados ámbitos en su país de acogida junto con ciudadanos alemanes que también se identifican con el Perú.

La dedicación y esfuerzo que realizan claramente aportan, de una manera inédita, al fortalecimiento y enriquecimiento de las relaciones entre ambos países, que tienen una larga data. El Perú y Alemania se encuentran vinculados desde la llegada de los primeros inmigrantes alemanes a nuestro país en búsqueda de una vida mejor y por el legado de figuras como Alexander von Humboldt, Max Uhle, Hans Heinrich Brüning, María Reiche, Ernst Middendorf, Maria Koepcke y otros. El empeño y trabajo que reflejan las actividades de las personas y organizaciones mencionadas en esta publicación reflejan, también, el espíritu y voluntad de mejora que ha marcado la consolidación democrática, así como la estabilidad y apertura económica, que ha permitido un crecimiento económico sostenido en los últimos 16 años, mejorando las condiciones de vida de la mayoría de peruanos y creando las condiciones para un mejor porvenir.

Perú y Alemania comparten valores comunes como la defensa de la democracia, los derechos humanos, el libre comercio y la promoción de un marco adecuado para las inversiones. La relación bilateral ha experimentado una evolución muy positiva en los últimos años, en los que se ha fortalecido e incrementado el diálogo y la cooperación en los campos político, económico-comercial, cultural, medio ambiente, de seguridad y defensa, entre otros.

Continuaremos trabajando para que la complementariedad existente entre Perú y Alemania, que se nutre de las iniciativas de los ciudadanos de ambos países, caminen de la mano para incrementar el bienestar de nuestros pueblos y con ello la paz social.

Berlín, agosto de 2016 *José Antonio Meier, Embajador del Perú*

Vorwort der Herausgeberin

Peru in Deutschland – wo trifft man es? Mit großer Wahrscheinlichkeit zuerst in einem der zurzeit etwa 25 peruanischen Restaurants, die es zwischen Hamburg und München gibt. Einige von ihnen stellen sich in Teil 3 dieses Buches vor. Ihre Lokalitäten mit Namen wie *El Inca, Pachamama, Ekeko, Nasca, Paracas, Cevicheria und PiscoBar* bringen mit *Ceviches* und *Causas, mit Risotto de Quinoa, Chicha Morada, Inka Cola, Pisco Sour* und *Inka Eis* neuartige kulinarische Gaumenfreuden nach Deutschland. Dazu gehören auch Bio-Kaffeemarken wie *Tunki, Altomayo* und *Pachamama* sowie *Süße-Hoffnung-Pralinen*. Der Leser dieses Buches lernt sie in Teil 2.1 kennen. In diesem Teil stellen sich auch mehrere Fair-Trade-Firmen vor, die weitere peruanische Köstlichkeiten anbieten: moderne Kleidungsstücke aus superleichten und doch wärmenden *Alpaka- und Pima-Baumwoll-Fasern*. Für die Vielfalt der Präsenz peruanischer Naturprodukte auf dem deutschen Markt sorgen Direkt-Importeure wie die *BTAC Europe GmbH*.

Alle in Teil 2.1 präsenten Firmen sind mittelständische oder familiengeführte Kleinunternehmen, die durch Import und Vertrieb peruanischer Produkte in Deutschland den Lebensunterhalt indigener Gruppen in Peru unterstützen bzw. garantieren. Auch Vereine wie *Herzen helfen e. V.* (Teil 6) widmen ihre Initiativen dieser Mission. Sie alle sind Testimonials eines Trends im gegenwärtigen peruanischen Wirtschafts- und Kulturprofil, charakterisiert durch moderne Bewertung, Interpretation, Verarbeitung und Präsentation von Wissen, Gewohnheiten, Nahrungsmitteln und Materialien indigener Ureinwohner Perus. Dabei findet im deutsch-peruanischen Wirtschaftsverkehr gegenseitiger Austausch statt. Während die peruanischen Gastronomen uraltes kombiniert mit heutigem Wissen und Können nach Deutschland bringen, verbessern deutsche Professionals in Fair-Trade-Partnerschaften mit modernem Wissen die Lebensbedingungen vieler heute noch existierender indigener Gemeinschaften in Peru. Unternehmen wie *Kulturkontakt Peru* und *Inside Peru* (Teil 2.3) fördern mit ihren Angeboten ebenfalls vielseitig den interkulturellen Austausch.

Das Buch *Peru in Deutschland* möchte mit seiner Zweisprachigkeit den kreativen Dialog zwischen beiden Ländern fördern. Partner für weitergehende Fragen wirtschaftlichen und kulturellen Austauschs sowie des Rechtsverkehrs finden interessierte Leser in Teil 1, 2.2. und im Annexe.

Cross-Culture Publishing sowie die Herausgeberin danken dem *Botschafter Perus in Deutschland* für seine Solidarität mit dem Anliegen dieses Buches, allen Firmen, Autoren, Vereinen und Inserenten für ihre Beiträge, der Firma *PerúVision* für die Unterstützung dieses Projektes in der Startphase und der Firma *Claudio Blasco Traducciones* für die Endredaktion aller spanischen Texte.

Möge dieses innovative, informative und attraktive Taschenbuch viele Freunde finden und zu weiteren deutsch-peruanischen Partnerschaften motivieren.

Frankfurt am Main, September 2016 *Dr. Susanne Mueller*

Prólogo de la editora

¿Dónde es posible encontrar algo del Perú en Alemania? Con toda probabilidad en primer lugar en uno de los cerca de 25 restaurantes peruanos que existen actualmente entre Hamburgo y Múnich. Algunos de ellos se presentan en el capítulo 3 de este libro. Sus locales, que llevan nombres como *El Inca, Pachamama, Ekeko, Nasca, Paracas, Cevicheria o PiscoBar*, aportan con sus ceviches y causas, risotto de quínoa, chicha morada, inka cola, pisco sour, Inka Eis, nuevas delicias culinarias a la gastronomía de Alemania, entre las que figuran también marcas de café orgánico como *Tunki, Altomayo* y *Pachamama*, así como bombones *Süße Hoffnung*. El lector de este libro puede conocerlas en el capítulo 2.1. En el mismo capítulo se presentan varias empresas de comercio justo, que ofrecen otros productos típicos peruanos, como modernas prendas de vestir hechas de las muy livianas pero a la vez cálidas *fibras de alpaca y algodón Pima*. Empresas como *BTAC Europe GmbH*, como importadores directos, contribuyen a la variada oferta de productos naturales peruanos en el mercado alemán.

Todas las compañías que figuran en el capítulo 2.1 son pymes familiares, que con la importación y distribución de productos peruanos en Alemania mejoran y garantizan los medios de subsistencia a grupos indígenas en el Perú, al igual que asociaciones sin fines de lucro que, como Herzen helfen e. V. (ver capítulo 6), contribuyen con sus iniciativas a esta misión. Todas son testimonio de una tendencia que se percibe en el perfil económico y cultural del Perú de hoy, caracterizado por una valoración, interpretación, elaboración y presentación moderna de conocimientos, hábitos, alimentos y materiales de los pueblos indígenas del Perú. Es que el intercambio económico entre Perú y Alemania se destaca por el aprendizaje mutuo. Mientras que los gastrónomos peruanos llevan a Alemania prácticas milenarias combinadas con conocimientos y habilidades actuales, profesionales alemanes, en cooperaciones con empresas de comercio justo, mejoran con técnicas y métodos modernos las condiciones de vida de las muchas comunidades indígenas que aún existen en el Perú. Empresas como *Kulturkontakt Peru* e *Inside Peru* (capítulo 2.3) impulsan con su variada oferta el intercambio cultural.

Este libro *Perú en Alemania* desea promover con su bilingüismo el diálogo creativo entre los dos países. Los lectores interesados pueden hallar en el capítulo 1, capítulo 2.2 y en el anexo personas de contacto para otras cuestiones económicas y de intercambio cultural, así como para asuntos legales.

La casa editorial y la editora de este libro desean expresar su agradecimiento al Embajador de Perú en Alemania por su solidaridad con el propósito de este libro, a todas las empresas, autores, asociaciones y anunciantes por sus contribuciones, a la empresa *PerúVision* por su apoyo de este proyecto en la fase inicial y a la empresa *Claudio Blasco Traducciones* por la revisión final de los textos en español.

Esperamos que este innovador, informativo y atractivo libro de bolsillo encuentre muchos lectores e imprima nuevos impulsos a las relaciones peruano-alemanas.

Fráncfort del Meno, septiembre de 2016 *Dra. Susanne Mueller*

Inhalt

Índice

Teil 1

Offizielle Vertretungen

Parte 1

Representaciones oficiales

MIO

Botschaft der Republik Peru
Embajada de la República del Perú

Adresse/Dirección:

Mohrenstrasse 42, 5. Etage
D-10117 Berlin
Fon: +49 (0) 30 20 64 10 3
Fax: +49 (0) 30 20 64 10 77
Email: info@embaperu.de
Web: www.botschaft-peru.de

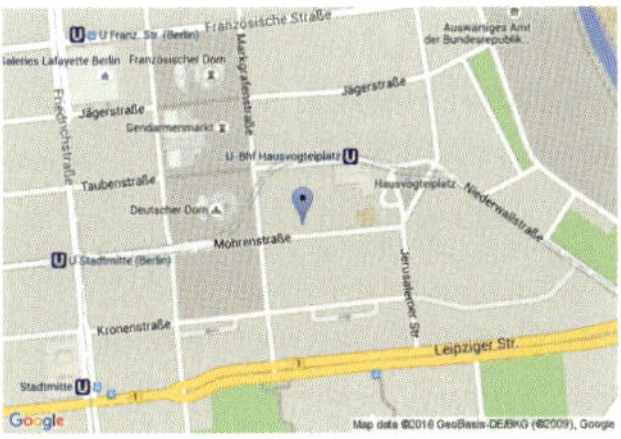

Konsularabteilung der Botschaft der Republik Peru/ Sección Consular de la Embajada de la República del Perú

Montag – Freitag 09:00 – 13:00 Uhr
Termine nach vorheriger telefonischer Vereinbarung

Lunes – Viernes 09:00 – 13:00 horas
Convenir citas por teléfono

Generalkonsulat von Peru in Frankfurt
Consulado General del Perú en Frankfurt

Adresse/Dirección
Kaiserstrasse 74
D-63065 Offenbach
Fon: +49 (0)69 13 30 926
Fax: +49 (0)69 29 57 40
Email:
consulgeneral@conperfrankfurt.de
Web: www.conperfrankfurt.de,
http://www.consulado.pe

Öffnungszeiten/Horario de atención:
Montag – Freitag 09:00 – 13:00 Uhr und
14:00 – 16:00 Uhr
Lunes – Viernes 09:00 – 16:00 horas y
14:00 – 16:00 horas

Konsulargebiet/Región comercial:
Bundesländer Hessen, Rheinland-Pfalz, Saarland
Estados Federados Hesse, Rheinland-Pfalz, Saarland

Generalkonsulat von Peru in Hamburg
Consulado General del Perú en Hamburgo

Adresse/Dirección
Blumenstrasse 28
D-22301 Hamburg
Fon: +49 (0)40 47 67 45
Fax: +49 (0)40 48 18 54
Email: info@peruham.com
Web: www.peruham.com,
http://www.consulado.pe

Öffnungszeiten/Horario de atención:
Montag – Freitag 09:00 – 14:00 Uhr
Lunes – Viernes 09:00 – 14:00 horas

Konsulargebiet/Región comercial:
Hansestadt Hamburg, Bundesland Schleswig-Holstein

Peruanisches Wirtschafts- und Handelsbüro
Oficina Económica y Comercial del Perú

Consejero Comercial: Sr. Gycs Gordon Calienes
Schauenburger Strasse 59,
D-20095 Hamburg
Fon: +49 (0)40 52 47 49 60
Email: g.gordon@perutradeoffice.de
Web: www.perutradeoffice.de
facebook.com/wirtschaftsundhandelsbueroperu

Generalkonsulat der Republik Peru in München

Consulado General del Perú en Múnich

Das Generalkonsulat der Republik Peru in München schützt die Interessen des Landes Peru sowie seiner Angehörigen in Bayern und Baden-Württemberg. Es fördert die Entwicklung der außenwirtschaftlichen, wissenschaftlichen und kulturellen Beziehungen.

El Consulado General del Perú en Múnich protege los intereses del Perú, así como de sus ciudadanos en los Estados federados de Baviera y Baden-Württemberg. Promociona el desarrollo de las relaciones económicas, de las ciencias, la cultura y las artes.

Adresse/Dirección

Herzog-Heinrich-Strasse 23
D-80336 München
Fon: +49 (0)89 13 92 88 80
Fax: +49 (0)89 13 92 88 819
Email: info@conperumunich.de
Web: conperumunich.de

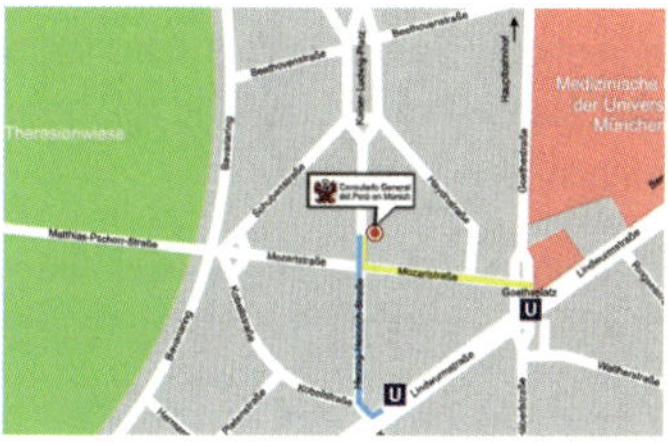

Öffnungszeiten/Horario de atención:

Montag – Freitag 09:00 – 13:00 Uhr
Lunes – Viernes 09:00 – 13:00 horas

Embajador **Ernesto Pinto-Bazurco Rittler**
Cónsul General del Perú en Múnich

Perú y Alemania

Hay pocos países que ofrecen una variedad tan amplia de paisajes. El Perú es uno de ellos. El país tiene una extensión de costa de cerca de 3000 km, que presenta a la vez paisajes netamente desérticos. Esta costa está interrumpida por varios valles, en los que se asentaron importantes civilizaciones precolombinas que dejaron allí sus huellas. Los Andes también atraviesan el Perú en tres cordilleras. Estas gigantescas formaciones ofrecen diversos contrastes. Los Andes son a la vez cruzados por carreteras y vías de ferrocarril. La construcción de pistas de casi 5000 metros de altura requiere gran destreza. En la selva largos trayectos son recorridos por caudalosos ríos, siendo el más conocido el Amazonas. Tanto la flora como la fauna crean un ambiente muy especial.

Es frecuente que se encasille al Perú como un país andino, cuando la mayor extensión de su territorio está en realidad en la Amazonia y la mayor densidad de población, en la costa del Pacifico. O que, como es costumbre en Alemania, el interés hacia el Perú recaiga en sus vestigios históricos precolombinos. O que sea analizado solo como potencial mercado de productos industrializados y a la vez proveedor de materias primas, y en pocas oportunidades como destino de inversiones.

De nuestra designación como "país latino" (no nos hemos declarado nosotros mismos como tal), no hemos sacado mayor provecho, porque ésta nos relega a solo una parte del continente. Así la denominación de latinos va ligada a un concepto geográfico. Si nos desligáramos del anclaje geográfico, podríamos alcanzar mayores horizontes de identidad. Es necesario promover tanto a las civilizaciones antiguas como al Perú moderno, junto a la contribución de la cultura europea.

En el Perú se ha venido trabajando durante las últimas dos décadas en una estrategia de innovación basada en la promoción de las tecnologías futuras, el fomento de la investigación académica y la creación sistemática de redes que integren, con responsabilidad social, diversos factores de la producción. De esta forma, se garantiza la transferencia tecnológica, especialmente a las pequeñas y medianas empresas. El éxito del Perú como motor de innovación se basa principalmente en esta integración de todos los actores y el respeto al medio ambiente. La velocidad con que se intensifican las relaciones peruano-alemanas está influenciada también por la aceptación de los trabajos que realizan las comunidades de científicos y académicos peruanos en Alemania, así como por las investigaciones que realizan igualmente alemanes en el Perú. Es indudable que al Perú le unen con Alemania estrechos lazos que se basan en valores comunes e intereses com-

Ernesto Pinto-Bazurco Rittler, *Generalkonsul der Republik Peru in München*

Peru und Deutschland

Es gibt wenige Länder, die eine so große landschaftliche Vielfalt bieten wie Peru. Das Land besitzt eine ca. 3000 km lange Küste, die gleichzeitig Wüstenlandschaft ist. An dieser Küste befinden sich mehrere Täler, die einst Wiege wichtiger präkolumbischen Zivilisationen waren, die dort ihre Spuren hinterlassen haben. Auch die Anden durchqueren in drei Gebirgsketten das Land. Straßen und Bahngleise haben diese gigantischen Felsformationen erobert. Der Bau dieser Wege auf fast 5000 m Höhe erfordert große Geschicklichkeit. Der größte Teil Perus ist der Urwald, der von langen Flüssen durchzogen wird – der größte unter ihnen ist der Amazonas. Hier schaffen Flora und Fauna eine sehr besondere Atmosphäre.

Peru wird oft nur als Andenland gesehen, obwohl die größte Ausbreitung seines Gebietes der Amazonas ist, und die größte Bevölkerungsdichte an der Küste herrscht. Weiter ist es in Deutschland verbreitet, Peru nur durch seine historischen präkolumbischen Überreste zu sehen. Oder es erfolgt nur eine Analyse seines Marktpotentials für Industrieprodukte, seiner Stellung als Rohstofflieferant, oder, wenn auch selten, seines Potentials als Zielland für ausländische Investoren.

Von der Bezeichnung als lateinamerikanisches Land (Wir selbst haben uns diese Bezeichnung nicht gegeben!) haben wir nicht sehr profitiert, da sie uns auf einen Teil des Kontinents beschränkt. So ist diese Benennung mit einem geographischen Konzept verbunden. Wenn wir uns von dieser geographischen Bezeichnung lösen würden, könnten wir weitere Identitätshorizonte erreichen. Man muss mit europäischem Beitrag sowohl die antiken Zivilisationen als auch das moderne Peru bewerben.

In Peru wurde in den letzten zwei Jahrzehnten an einer Innovationsstrategie gearbeitet. Diese zielt ab auf zukünftige Technologien, die akademische Forschung und die systematische Schaffung von Netzen, die mit sozialer Verantwortung verschiedene Produktionsfaktoren integrieren. Auf diese Weise garantiert man den technologischen Transfer besonders für kleine und mittlere Unternehmen. Perus Erfolg als Innovationsmotor ist prinzipiell in der Integration all dieser Akteure und im Respekt für die Umwelt begründet. Die Geschwindigkeit, mit der sich die deutsch-peruanischen Beziehungen verfestigen, wird auch durch die Annahme von Forschungsarbeiten beeinflusst, die peruanische Teams von Wissenschaftlern und Akademikern in Deutschland realisieren. Peru und Deutschland sind durch gemeinsame Werte und komplementäre Interessen eng verbunden. Peru hat eine längere Tradition bezüglich der Demokratie als Europa: Grundzüge der heutigen Demokratie finden sich bereits in den alten Inka-Traditionen.

Den Europäern müsste bewusst sein, dass die westliche Grenze ihres Kontinentes Südamerika ist. Dort ist das Wichtigste der europäischen Kultur und Religion aufbeplementarios. El Perú posee una larga tradición democrática: los principios de la democracia moderna se encuentran incluso en las antiguas tradiciones incas.

Los europeos tendrían que ser conscientes de que el límite occidental de su continente es América del Sur. Es ahí donde se conserva la importancia de su cultura y religión. Esto permitió que muchos inmigrantes europeos, que compartían los mismos valores e intereses que los habitantes del llamado Viejo Mundo, fueran acogidos en Sudamérica. Por lo tanto, se dieron las mejores perspectivas de futuro. Asimismo estos valores se vieron representados en las personas que fortalecieron la democracia y los derechos humanos a pesar de las fronteras y de los obstáculos.

Recientemente fue elegido Presidente del Perú el señor *Pedro Pablo Kuczynsky*, un descendiente de alemán. El padre de Kuczynsky fue un médico alemán, quien a consecuencia del nacionalsocialismo emigró al Perú. Varias de estas historias individuales demuestran cuán importante es la contribución de América Latina para la ciencia y la democracia alemana, del compromiso personal.

También el desempeño del médico peruano *Dr. Ernesto Pinto-Bazurco* es un ejemplo del aporte de los latinoamericanos a la democracia en Alemania. Llegó a Alemania en el año 1934 para estudiar medicina y filosofía y tuvo que enfrentarse al nacionalsocialismo. Posteriormente y, a pesar de haber estado recluido como prisionero americano en Laufen, Alta Baviera, logró terminar sus estudios de medicina y formar una familia binacional. Luego de su prisión decidió quedarse en Alemania y de esta manera ayudar a judíos y otros perseguidos políticos para que pudieran salir del país. En el Perú, tanto la prensa escrita como audiovisual ha prestado especial interés a esta historia. En otros países europeos, como Holanda, se reconoce la heroica contribución sudamericana. También Alemania debería honrar estas historias pues son ejemplo de aportación extranjera a la democracia alemana y a la lucha contra el nacionalsocialismo. La historia del *Dr. Ernesto Pinto-Bazurco* ha sido recogida en un documental llamado: "Ernesto & Hildegard, amor peruano-alemán en tiempos del nacionalsocialismo" y presentada en varios festivales de cine.

Prof. Dr. Ernesto Pinto-Bazurco Rittler es conocido internacionalmente por su carrera diplomática, en la que ha alcanzado el rango máximo de embajador. También se ha desempeñado como jurista, catedrático, escritor y periodista. En Alemania, su país natal, es reconocido por sus más de diez años de actividad consular, en el cargo de Cónsul General en tres períodos diferentes. Además de diversos reconocimientos internacionales, posee la condecoración Cruz Federal al Mérito de Primera Clase de la República Federal de Alemania (Bundesverdienstkreuz 1. Klasse).

wahrt. Dies hat ermöglicht, dass viele europäische Einwanderer in Südamerika aufgenommen wurden, die mit den Bewohnern der sogenannten alten Welt gemeinsame Werte und Interessen haben. Deswegen bieten sich ihnen dort größte Zukunftsperspektiven. Diese Werte bilden sich auch in Personen ab, die als Vorbilder Demokratie und Menschenrechte über Grenzen und Hindernisse hinweg gestärkt haben.

So wurde kürzlich in den Präsidentschaftswahlen in Peru für den deutschstämmigen Präsidenten *Pedro Pablo Kuczynski* gestimmt. Der Vater Kuczynskis war ein deutscher Arzt, der infolge des Nationalsozialismus nach Peru emigrierte. Viele dieser Einzelschicksale beweisen, wie wichtig der Beitrag Lateinamerikas für die deutsche Wissenschaft und Demokratie ist. Denn mehr Bedeutung als offizielle Erklärungen hat persönliches Engagement.

Auch die Leistung des peruanischen Arztes *Dr. Ernesto Pinto-Bazurco* ist ein Beispiel für den Beitrag von Lateinamerikanern für die Demokratie in Deutschland. Er kam 1934 nach Deutschland, um Medizin und Philosophie zu studieren und wurde dort mit dem Nationalsozialismus konfrontiert. Obwohl er später als amerikanischer Gefangener in Laufen/Oberbayern interniert war, hat er es geschafft, sein Medizinstudium zu beenden und eine bi-nationale Familie zu gründen. Er hat sich nach seiner Inhaftierung entschieden, in Deutschland zu bleiben. So konnte er vielen Juden und politisch Verfolgten zur Ausreise verhelfen. In Peru haben Presse und Fernsehen dieser Geschichte bereits besondere Aufmerksamkeit gewidmet. In anderen europäischen Ländern, wie Holland, wurden schon südamerikanische Helden geehrt. Auch Deutschland sollte solche Geschichten würdigen, denn sie dienen als Beispiel für den Beitrag von Ausländern zur Demokratie in Deutschland und deren Kampf gegen den Nationalsozialismus. Die Geschichte von *Dr. Ernesto Pinto-Bazurco* wurde in dem Dokumentarfilm „Ernesto & Hildegard – deutsch-peruanische Liebe in Zeiten des Nationalsozialismus" festgehalten, der bereits auf mehreren Filmfestivals präsentiert wurde.

Botschafter **Ernesto Pinto-Bazurco Rittler**
Generalkonsul der Republik Peru in München, Juli 2016

Prof. Dr. Ernesto Pinto-Bazurco Rittler ist international bekannt als Karrierediplomat im höchsten Rang eines Botschafters, sowie als Jurist, Hochschullehrer, Buchautor und Journalist. In Deutschland, seinem Geburtsland, ist er anerkannt wegen seiner mehr als 10-jährigen Tätigkeit als Generalkonsul in drei verschiedenen Perioden. Neben verschiedenen internationalen Auszeichnungen ist er Träger des Bundesverdienstkreuzes 1. Klasse.

Peruanische Honorarkonsulate in Deutschland
Consulados Honorarios del Perú en Alemania

Honorarkonsulat von Peru in Bremen
Consulado Honorario del Perú en Bremen:

Martinistrasse 58
D-28195 Bremen
Fon: +49 (0)421 15 629
Fax: +49 (0)421 14 506
Email: dorita.steffanowski@bre.geuther-group.de
Öffnungszeiten/Horario de atención
Montag – Freitag 09:00 – 16:00 Uhr
Lunes – Viernes 09:00 – 16:00 horas

Honorarkonsulat von Peru in Hannover
Consulado Honorario del Perú en Hannover:

Rudolf-Pichlmayr Strasse 4
D-30625 Hannover
Fon: +49 (0)511 27 09 27 61
Fax: +49 (0)511 27 09 27 62
Öffnungszeiten/Horario de atención
Termine nur nach Vereinbarung
Convenir citas por teléfono

Honorarkonsulat von Peru in Düsseldorf
Consulado Honorario del Perú en Düsseldorf:

Oststrasse 84, 4. Etage
D-40210 Düsseldorf
Fon: +49 (0)211 17 08 980
Fax +49 (0)211 35 36 70
Öffnungszeiten (nach vorheriger Terminvereinbarung)/
Horario de atención (previa cita):
Dienstag, Donnerstag 12:00 –14:00 Uhr
Martes, Jueves 12:00 –14:00 horas

Teil 2.1

Peruanische und deutsch-peruanische Firmen

Parte 2.1

Empresas peruanas y peruano-alemanas

Kaffee Siddhartha GmbH

La compañía *Kaffee Siddhartha GmbH* fue fundada en el año 2012 con el objetivo de contribuir al incremento de la venta de café de alta calidad y simultáneamente de mejorar la sostenibilidad del negocio en el mercado alemán. Exclusivamente cafés especiales con propiedades de calidad convincente son seleccionados para la venta. Adicionalmente, desde las zonas de cultivo y parcelas individuales hasta las familias cafetaleras, la cadena de valor es totalmente transparente.

La filosofía de la compañía se basa en una perspectiva orientada a largo plazo. La prioridad sigue siendo un desarrollo compatible con la ecología y la sociedad, sin descuidar los aspectos económicos. Esta forma sostenible de proceder se corresponde automáticamente con la calidad más alta de café de cultivo natural, un negocio justo y directo, y relaciones personales y comerciales con los productores cafetaleros. Como parte de nuestra estrategia, contactamos otras compañías que siguen nuestros mismos objetivos y cooperamos con ellas con el fin de fortalecer el desarrollo sostenible.

Para más información consultar www.kaffee-sid.com

Kaffee Siddhartha GmbH
www.kaffee-sid.com

100 % negocio sostenible de calidad

Christoph Pietz
Mobil: +49 (0)176 32 85 92 22
Email: pietz@kaffee-sid.com

Alexandra Zapata
Mobil: +49 (0)176 72 34 67 90
Email: zapata@kaffee-sid.com

www.kaffee-sid.com

Kaffee Siddhartha GmbH

Die *Kaffee Siddhartha GmbH* wurde im Jahr 2012 mit dem Ziel gegründet, einen Beitrag zur Steigerung des Angebots an hochwertigen Kaffees und gleichzeitig einer Verbesserung der Nachhaltigkeit auf dem deutschen Markt zu leisten. Ausschließlich Spezialitätenkaffees, deren Charaktereigenschaften überzeugen, kommen in die enge Auswahl. Dabei ist die Nachvollziehbarkeit der Wertschöpfungskette bis zu den Anbaugebieten, einzelnen Parzellen und den Farmerfamilien transparent.

Die Firmenphilosophie orientiert sich an einer langfristigen Denkweise. Im Vordergrund stehen eine gesunde ökologische und sozial verträgliche Entwicklung, ohne ökonomische Aspekte zu vernachlässigen.

Zu dieser nachhaltigen Herangehensweise gehört automatisch höchste Kaffeequalität aus einem naturbewussten Anbau und einem gerechten Handel mit direkten, persönlichen Handelsbeziehungen mit Farmern.

Mit unserer Strategie sprechen wir Unternehmen an, die gleiche Ziele verfolgen. So gelangen wir zueinander und stärken die nachhaltige Entwicklung gemeinsam ein Stück mehr.

Mehr unter www.kaffee-sid.com

Kaffee Siddhartha GmbH
www.kaffee-sid.com

Christoph Pietz
Mobil: +49 (0)176 32 85 92 22
Email: pietz@kaffee-sid.com

Alexandra Zapata
Mobil: +49 (0)176 72 34 67 90
Email: zapata@kaffee-sid.com

100 % Qualität nachhaltig erwirtschaften

www.kaffee-sid.com

El mejor café del mundo está en Perú …

… y desde 2012 también en Alemania. El Café *Tunki* ha sido el café más premiado del mundo, con galardones en diferentes concursos de degustación de cafés a nivel nacional e internacional. Con la idea de asegurar sus medios de vida y con el objetivo de obtener precios justos para el café verde, en 1970 las familias de los pequeños productores de café en la selva Puneña de Perú fundaron la cooperativa CECOVASA, siendo siempre muy exigentes en el mejoramiento de la calidad de su café. De esa manera se manifiestan muchos éxitos:

- Mejor café de Perú en los años 2015, 2013, 2012, 2011, 2009, 2007 y 2005, Expo Café Perú,
- Segundo mejor de 51 cafés del mundo 2012, Cupping de Rainforest Alliance,
- Mejor café del mundo 2011 entre 45 participantes, Cupping de Rainforest Alliance,
- Mejor café del mundo 2010 entre 140 participantes, Cupping de Roaster Guild de Estados Unidos.

Aparte de la especial calidad del café orgánico, esto es el resultado del éxito colectivo de la labor de notables personas. Los pioneros de cafés cultivados orgánicamente pertenecen a los dos pueblos indígenas, quechua y aymara, antepasados de los incas. Los aspectos comunes de los dos pueblos es la adoración a la *Madre Tierra*, como un Dios femenino que regala la vida a todos los seres y los alimenta. A través de esta relación se realizan rituales tradicionales durante los días menos productivos del año, cuando las cafetaleras y cafetaleros devuelven a la Tierra, *Pachamama*, simbólicamente lo que reciben de ella. Se trata de una vida en equilibro con la naturaleza y buscando la armonía entre elementos opuestos.

Den besten Kaffee der Welt gibt es in Peru …

… und seit 2012 in Deutschland. Durch unterschiedliche Auszeichnungen in internationalen und nationalen Verkostungswettbewerben ist *Tunki Coffee* nachgewiesen der beste prämierte Kaffee weltweit. Ausgehend von der Existenzsicherung und dem Ziel, gerechte Handelspreise für Rohkaffee zu erzielen, formierten sich die klein strukturierten Farmerfamilien in Peru im Jahr 1970 zur Kaffeekooperative CECOVASA. Ihren Ansprüchen an die Steigerung ihrer Kaffeequalität folgten konkrete Maßnahmen und die Manifestation von Erfolgen:

- Bester peruanischer Kaffee 2015, 2013, 2012, 2011, 2009, 2007 und 2005, Expo Café Peru.
- Zweitbester von weltweit 51 Kaffees 2012 beim Cupping for Quality der Rainforest Alliance.
- Bester von weltweit 45 Kaffees 2011 beim Cupping for Quality der Rainforest Alliance.
- Bester von weltweit 140 Kaffees 2010 beim Cupping der Röstergilde USA.

Neben qualitativen Eigenschaften des speziellen Bio-Kaffees ist es vor allem der gemeinsame Erfolg besonderer Menschen und ihrer Leistungen. Die Pioniere vom biologisch angebauten Kaffee gehören den zwei indigenen Völkern Quechua und Aymara an, den Vorfahren der Inka. Die Gemeinsamkeit beider Völkergruppen ist die Verehrung der Erde, *Pachamama*, als weibliche Göttin, die allen Wesen das Leben schenkt und sie nährt. In diesem Rahmen erfolgen an den wenigen unfruchtbaren Tagen des Jahres traditionelle Rituale, an denen die Farmerinnen und Farmer ihrer *Mutter Erde* symbolisch zurückgeben, was sie von ihr erhalten. Dabei geht es um ein Leben in Einklang mit der Natur und das Ziel, ein Gleichgewicht zwischen Gegensätzen zu schaffen.

El *Café Tunki orgánico* es cultivado en la selva puneña del Perú, a una altura de 1200 a 1800 metros sobre el nivel del mar, en la frontera con Bolivia, cerca de la entrada de la Reserva Nacional de Tambopata. En este parque nacional reside el gallito de las rocas o *Tunki,* el pájaro nacional del Perú, y de ahí el nombre del café.

El café es cultivado bajo árboles junto con otras plantas como plátanos, caña de azúcar, lima, yuca, pero también otras frutas y verduras para el consumo propio. Por un lado, a causa de sistemas de agroforestación y el cultivo junto a diferentes especies, se reduce la intensidad del uso de la superficie. Por otro lado, la biomasa llega a la tierra, asegurando el abastecimiento de las plantas de café con sustancias necesarias y nutrientes de una forma natural. Los pequeños cafetaleros han renunciado a utilizar cualquier forma de productos químico-sintéticos, fertilizantes o pesticidas.

Café Tunki es cosechando solamente a mano. Con esto se evita mezclar la cosecha con granos inmaduros o putrefactos, hojas, ramas u otros cuerpos extraños, lo cual pueden influir en el tratamiento o la calidad del café. El acceso a la mayor parte de las plantaciones usualmente es a pie, una menor parte es accesible con vehículo y raras veces con motos. Los cafetaleros viven en condiciones muy humildes, en cabañas de madera o de barro. Debido a que normalmente no hay electricidad en las fincas de café por la distancia a los pueblos y entre las mismas fincas, también el tratamiento del café es manual. Los granos de café son lavados con agua fresca proveniente del manantial de las montañas andinas. Después el café es secado naturalmente al sol. Todo el proceso de la cosecha, desde el primer tratamiento hasta el transporte, se realiza en las más simples condiciones, ya sea a pie o a mano. Pero nunca falta una sonrisa.

Tunki Bio-Kaffee wird im Urwald der Region Puno in Peru auf einer Höhe zwischen 1.200 und 1.300 Höhenmetern an der Grenze zu Bolivien, am Eingang zum Tambopata National Reserve kultiviert. In diesem Nationalpark ist der Andenfelsenhahn oder *Tunki* beheimatet, der peruanische Nationalvogel, der den Kaffee symbolisiert.

Der Kaffee wird gemeinsam mit anderen Nutzpflanzen wie Bananen, Zuckerrohr, Limetten, Yucca sowie weiterem Obst und Gemüse zum eigenen Verzehr unter Schattenbäumen kultiviert. Durch die Anlage von Agroforstsystemen und gleichzeitiger Kultivierung verschiedener Arten wird zum einen die Flächenintensität minimiert. Zum anderen gelangt Biomasse auf die Böden, welche die Versorgung der Kaffeepflanzen mit notwendigen Nährstoffen auf natürliche Art sichert. Die Kleinfarmer verzichten auf jegliche Form von chemisch-synthetischen Dünge- und Pflanzenschutzmitteln.

Gepflückt wird *Tunki* ausschließlich von Hand. Hierdurch wird verhindert, dass unreife oder faule Kaffeekirschen, Blätter, Äste oder sonstige Verunreinigungen, die Einfluss auf die Verarbeitung oder Qualität der Kaffees nehmen könnten, in die Ernte gelangen. Die wenigsten Kaffeeplantagen sind mit einem Fahrzeug erreichbar. Selten sind sie nur mit einem Motorrad zugänglich, die meisten jedoch weitestgehend nur zu Fuß. Die Kleinfarmer leben in einfachsten Verhältnissen in Holz- und Lehmhütten. Da es bis heute auf den von Dörfern abgelegenen und voneinander weit entfernten Kaffeeplantagen in der Regel keine Versorgung mit elektrischem Strom gibt, findet auch die Aufbereitung vor Ort von Hand statt. Gewaschen werden die Kaffeebohnen mit frischem natürlichem Quellwasser aus dem Andengebirge. Anschließend erfolgt die Trocknung der Kaffees durch Sonnenwärme. Der gesamte Prozess von der Ernte über die erste Bearbeitung bis hin zum Transport der Kaffees erfolgt durch die Kleinfarmer unter einfachsten Bedingungen – von Hand und zu Fuß. Dabei fehlt niemals ein Lächeln.

La negociación entre CECOVASA y *Kaffee Siddhartha* no depende del precio de los productos o el desarrollo del mercado mundial. Los precios son negociados directamente con los cafetaleros. La concesión de precios justos para su café verde, como parte del objeto de fundación, hace de CECOVASA una institución social. La organización les otorga a los cafetaleros pequeños la posibilidad de exportar los cafés, de desarrollar los procesos de tratamiento y calidad del café hasta los más altos niveles, y de fortalecer sus medios de subsistencia de forma permanente. Debido a estos ingresos adicionales, aunque el mercado mundial esté pasando por tiempos difíciles, los cafetaleros pueden asegurar de forma continua la calidad del *Café Tunki* y también financiar proyectos de infraestructura sociales, como por ejemplo la construcción de escuelas o el suministro eléctrico para la región mediante una central hidroeléctrica. Todos los cafetaleros que producen *café Tunki orgánico* gozan de las mejores condiciones entre los productores de café.

Un café notable, un sabor exquisito, una tierra mágica, una tradición rica y orgullosa, miles de manos, miles de sonrisas.
Café Tunki con CECOVASA y Kaffee Siddhartha.

100 % negocio sostenible de calidad

TUNKI COFFEE

Die Preisgestaltung zwischen CECOVASA und *Kaffee Siddhartha* findet regelrecht losgelöst von der Preisentwicklung am Weltmarkt statt. Die Preise werden direkt mit den Kleinfarmern ausgehandelt. Gerechte Handelspreise für Rohkaffee als Gründungsziel macht die Kaffeekooperative zu einer sozialen Institution. Die Organisation ermöglicht es den Kleinfarmern, ihre Kaffees selbst zu exportieren, die Prozessabläufe und Kaffeequalität auf höchstes Niveau zu entwickeln und den Lebensunterhalt dauerhaft zu steigern. Aufgrund von zusätzlichen Einnahmen wird es den Kleinfarmern in Peru selbst in schwierigen Zeiten auf dem Weltmarkt möglich, die hochwertige Qualität von *Tunki Bio-Kaffee* kontinuierlich zu sichern und Finanzierungen sozialer und infrastruktureller Vorhaben, wie den Bau von Schulen oder eines Wasserkraftwerks zur Stromversorgung in der Region, zu gewährleisten. Für die Kleinfarmer von *Tunki Bio-Kaffee* herrschen unter den Kaffeeproduzenten beste Bedingungen. Ihren frisch gerösteten *Tunki Bio-Kaffee* erhalten Sie ausschließlich bei Gourmetröstern.

ALTOMAYO®

NATURREINER HOCHGENUSS

Altomayo de Perú a Berlín

Con algunos sacos del mejor café verde orgánico de altura del Perú, jóvenes peruanos motivados y con una buena idea, empezamos hace 18 años la aventura de nuestro café ALTOMAYO en Berlín.

La afinidad con el café es heredada de nuestro padre, quien nos transmitió en el camino los conocimientos de muchas décadas de cultivo y perfeccionamiento de café, pues provenimos de una familia peruana especializada en café.

La familia conoce, por tradición, cómo se produce café de primera calidad, a través de métodos de cultivo orgánicos y sostenibles.

Esta tradición es para nosotros, de Altomayo, una obligación. Así desarrollamos desde 1998 nuestros productos clásicos más apreciados como: el *Café de Altura Orgánico* (Bio-Hochland-Kaffee) y el *Espresso Orgánico* (Organic Espresso). Nuestra virtud son nuestras nuevas y continuas adaptaciones de productos dirigidas al consumidor final. Bajo la marca de ALTOMAYO ofrecemos también cafés descafeinados, un exquisito cacao en polvo (Trinkschokolade) y otras especialidades, como el *Café de Plantación* (Plantagen-Kaffee) y el *Espresso de Plantación* (Plantagen-Espresso). La nueva idea se denomina *Espresso Sensitivo* y en parte contiene lo que el nombre en sí describe. Con un 50 % menos de cafeína y acompañado del 100 % de sabor, este Espresso es el deleite perfecto para cualquier ocasión y a cualquier hora.

Nosotros de ALTOMAYO promovemos, por supuesto, la mejora de las condiciones de vida de las pequeñas familias de agricultores en las zonas cafetaleras y contribuimos a diferentes proyectos educativos en el lugar.

Pero ALTOMAYO participa activamente también en Berlín auspiciando diferentes eventos, como el desfile de moda ético (Ethical Fashion Show), el BioBrotbox Berlin Brandenburg y contribuyó al fondo para los niños de UNICEF, la restauración de la Iglesia Memorial Gedächtniskirche en Berlín con una edición limitada *Mein Kaffee* y a los amigos del jardín zoológico Tierpark en Berlín con el exclusivo *Zoo-Kaffee*.

Hoy en día ofrecemos nuestros productos en supermercados de productos orgánicos, en selectas tiendas de alimentos y también bajo **www.shop.altomayo.de.**

Dr. rer. nat. Esmilda Huancaruna Perales
Gerente General

PREMIUMFOODS

ALTOMAYO®

NATURREINER HOCHGENUSS

Altomayo von Peru nach Berlin

Einige Säcke mit bestem biologischen Rohkaffee aus dem Hochland Perus, wir als junge motivierte Peruaner und eine gute Idee – so begannen wir vor 18 Jahren das Abenteuer mit unserem Café ALTOMAYO in Berlin.

Mit im Gepäck: Die Kaffee-Gene unseres Vaters, der uns das Kaffee-Wissen aus vielen Jahrzehnten des Kaffee-Anbaus und seiner Veredelung mit auf den Weg gab, denn wir stammen aus einer fachkundigen Kaffee-Familie Perus.

Und die Familie weiß aus Tradition, wie man mit biologischen, ausgewogenen Anbaumethoden Spitzenqualität erzeugt.

Für uns von Altomayo ist diese Tradition Pflicht. So sind seit 1998 die beliebten peruanischen Klassiker *Bio-Hochland-Kaffee* und *Organic-Espresso* im Programm. Die Kür sind unsere regelmäßigen neuen Hochgenüsse. So bietet das Altomayo-Sortiment inzwischen auch entkoffeinierte Sorten, feinste Trinkschokolade und Spezialitäten wie *Plantagen Kaffee* und *Plantagen Espresso*. Die neueste Idee heißt *Espresso Sensitivo* und hält, was der Name verspricht. Mit 50 % weniger Koffein bei 100 % Geschmack ist dieser Espresso für jeden zu jedem Anlass und zu jeder Zeit der richtige Genuss.

Wir von Altomayo setzen uns selbstverständlich für die Verbesserung der Lebensumstände der Kleinbauern in den peruanischen Anbaugebieten ein und unterstützen verschiedene Bildungsprojekte vor Ort.

Aber auch in Berlin ist Altomayo aktiv und fördert und förderte verschiedene Aktionen, wie beispielsweise des Kinderhilfswerks UNICEF, die BioBrotbox Berlin-Brandenburg oder, mit *Mein Kaffee*, die Restauration der Berliner Gedächtniskirche, die Freunde des Berliner Tierparks und Zoos, mit einem exklusiven *Zoo-Kaffee* und der Unterstützung der Ethical Fashion Show.

Heute sind unsere Produkte im Bio-Fachhandel und in ausgewählten Lebensmittelgeschäften, sowie über unseren Online Shop **www.shop.altomayo.de** erhältlich.

Dr. rer. nat. Esmilda Huancaruna Perales
General Manager

PREMIUMFOODS

ALTOMAYO®

NATURREINER HOCHGENUSS

¿Por qué un café especial?

Café ALTOMAYO es el producto bandera de nuestra casa. El nombre proviene de una de las regiones de cultivo de café reconocida tradicionalmente, en el noroeste de los andes peruanos.

Coffea Arabica, o también café de las alturas, es la variedad de café de más alta calidad. La planta original puede llegar a medir hasta 12 m de altura. De sus flores blancas se forman los cerezos del café, la mayoría de color rojo. Fue descubierta en el siglo VII, en zonas altas de Etiopía y desde entonces es cultivada como producto de consumo.

Actualmente se cultiva el *Coffea Arabica* en plantaciones en la mayoría de los países tropicales, con fines de exportación. En contraste con la variedad *Coffea Robusta*, la cual se caracteriza por su resistencia al calor y por su rápido crecimiento, la variedad *Arabica* destaca por su exquisito sabor y bajo contenido de cafeína.

Las pequeñas familias agricultoras peruanas cultivan la excelente variedad *Arabica*, el único tipo de café que a través de un cuidadoso trabajo ofrece el mayor deleite de café, solamente en las mejores zonas. En la región cultivamos también en un fundo propio. Además, con las técnicas más modernas no solo se elabora el producto propio, sino también los cerezos de café suministrados por las familias de agricultores de toda la región.

A través de un cultivo ecológico y métodos de labranza naturales se logra una calidad estandarizada reconocida mundialmente. Ya que un contacto más directo entre productor y consumidor conlleva ventajas para ambos, hemos asumido esta función de puente como misión.

Premium Foods GmbH
Bielefelder Strasse 4, D-10709 Berlin
Fon: +49 (0)30 616 587 30
Fax: +49 (0)30 616 587 31
Email: info@premiumfoods.de
Web: www.premiumfoods.de

PREMIUMFOODS

ALTOMAYO®

NATURREINER HOCHGENUSS

Warum ein besonderer Kaffeegenuss?

Kaffee ALTOMAYO ist das Spitzenprodukt unseres Hauses. Es ist benannt nach einer der großen traditionellen Kaffeeanbauregionen im Nordwesten der peruanischen Anden.

Coffea Arabica, oder auch Bergkaffee, ist die hochwertigste Kaffeesorte. Die Ursprungspflanze wird bis zu 12 m hoch. Aus ihren weißen Blüten bilden sich die Kaffeekirschen, die meist rot gefärbten Steinfrüchte. Sie wurde im 7. Jahrhundert im äthiopischen Hochland entdeckt und wird seither als Nahrungsmittel kultiviert.

Heute wird *Coffea Arabica* für Exportzwecke in den meisten tropischen Ländern auf Plantagen angebaut. Im Gegensatz zur hitzebeständigeren und schneller wachsenden Kaffeesorte *Robusta* zeichnet sich *Arabica* durch ihren edleren Geschmack und den geringeren Koffeingehalt aus.

Nur in den besten Lagen bauen hier in Peru Kleinbauern die Spitzensorte *Arabica* an, die einzige Sorte, die bei sorgfältiger Bearbeitung höchsten Kaffeegenuss bietet. Dort, im Altomayo-Gebiet, bauen wir auf eigenen Plantagen Kaffee selbst an. Mit modernster Technik wird nicht nur das eigene Produkt aufbereitet, sondern auch die von den Kleinbauern der gesamten Region angelieferten Kaffeekirschen.

So wird durch ökologische Kultivierung und natürliche Anbaumethoden ein Qualitätsstandard erreicht, der zu den besten der Welt gehört. Da die kürzeste Verbindung vom Erzeuger zum Verbraucher für beide Seiten von Vorteil ist, haben wir uns auch diese Brückenfunktion zur Aufgabe gemacht.

Premium Foods GmbH
Bielefelder Strasse 4, D-10709 Berlin
Fon: +49 (0)30 616 587 30
Fax: +49 (0)30 616 587 31
Email: info@premiumfoods.de
Web: www.premiumfoods.de

PREMIUM FOODS

ALTOMAYO®
NATURREINER HOCHGENUSS

Perú PREMIUMFOODS

Geschichte des Kaffees/Legende

Die Historie des Kaffees ist geheimnisumwoben und wird mit märchenhaften Legenden belegt, jedoch weisen alle Geschichten eine Gemeinsamkeit auf: Die Herkunft des Kaffees!
Der Ursprung des Kaffees liegt im Hochland Äthiopiens, in der Region *Kaffa*. Die Bezeichnung *Kaffee*, die durch die anregenden Charakteristika des Getränkes inspiriert wurde, leitet sich vom arabischen Wort *qahwa* (dt. *anregend*) ab.

Kaffee in Arabien

Die Ursprünge der Kaffeenutzung im Nahen Osten liegen schon so weit zurück, dass sich nur noch verschiedene Legenden um sie ranken. Die meisten handeln von der anregenden Wirkung des Getränkes.
Eine Legende besagt, dass der Kaffee dadurch entdeckt wurde, dass ein Maronitenmönch namens *Naironus Banesius* eine Viehherde beobachtet, die sich sonderbar verhielt. Die Hirten im Lande *Kaffa* in Abessinien beklagten sich, dass die Tiere ungewöhnlich lebhaft waren und bis spät in die Nacht keine Ruhe fanden. Desweiteren zeigten sie keine Anzeichen von Müdigkeit.
Der Mönch ging diesem Rätsel nach. Auf der Weide der Tiere fand er eine dunkelgrüne Pflanze mit kirschähnlichen grünen, roten und gelben Früchten. Seine wissenschaftliche Neugier war geweckt und er bereitete sich einen Sud aus dieser sonderbaren Pflanze. Seine Müdigkeit schwand und er konnte problemlos nachts wach bleiben, um seinem Gebet nachzugehen.
Der Kaffeebaum existiert natürlich schon sehr viel länger.
Die angesprochene Region *Kaffa*, die dem Getränk später ihren Namen geben sollte, im abessinischen Hochland in Äthiopien, ist vermutlich die Urheimat dieser Pflanze.

Warum Röstung?

Im rohen Zustand sind die Früchte ungenießbar, weshalb der Hirte sie angewidert ins Feuer spuckte. Die Früchte setzten Düfte frei, die er sehr angenehm fand; so entstand die Idee des Röstens.

Es existieren heute viele verschiedene Röstverfahren, die in kurzer Zeit eine große Menge an Kaffeebohnen rösten können. Altomayo Bohnen jedoch werden mittels einer schonenden Langzeitröstung geröstet. Hierbei werden die bereits verlesenen Rohkaffeebohnen bei Temperaturen um die 200 ° C für etwa 12–15 Minuten geröstet. Durch die lange Röstzeit bei niedrigen Temperaturen werden Reiz- und Bitterstoffe, die den Magen belasten können, reduziert. Bei diesem Verfahren wird eine gleichmäßige Röstung der Bohnen gewährleistet.

Perú

PREMIUMFOODS

ALTOMAYO®
NATURREINER HOCHGENUSS

Historia del café

La historia del café es un misterio ya que está envuelta en fabulosas leyendas. Sin embargo todas muestran algo en común: el origen del café!
La procedencia del café se ubica en Etiopía, en la región de *Kaffa*. La denominación *café*, la cual se inspiró en la característica estimulante de la bebida, proviene de la palabra árabe *qahwa* (en español *vigorizante*).

Café en Arabia

Los orígenes del consumo del café en el Medio Oriente se remontan a mucho tiempo atrás y solo es posible revelarlos entrelazando entre sí distintas leyendas. La mayoría refieren al efecto estimulante de la bebida.
Una leyenda cuenta que el café fue descubierto gracias a que un monje maronita, de nombre *Naironus Banesius,* observaba una vez un rebaño de ganado que se comportaba de manera muy particular. Los pastores de la región de *Kaffa*, en Abisinia, veían que los animales estaban sorprendentemente vivaces y que hasta entrada la noche no podían tranquilizarse. Además no mostraban ningún signo de cansancio.
El monje quería resolver el enigma. Sobre el pastizal de los animales encontró una planta de color verde oscuro con frutos parecidos a la cereza, en colores verde, amarillo y rojo. Su curiosidad investigadora se despertó y se preparó una decocción de esta planta singular. Su cansancio desapareció y pudo permanecer despierto por la noche, sin problemas, para continuar con sus rezos.
La planta del café existe, desde luego, desde hace mucho más tiempo antes. La mencionada región *Kaffa*, que más tarde le daría el nombre a la bebida, ubicada en la altura abisinia en Etiopía, es probablemente el lugar de origen de esta planta.

¿Por qué el tostado?

Los granos de café en estado crudo son incomibles, por eso los pastores los arrojaron al fuego. Los granos al fuego liberaron un aroma que encontraron muy agradable. Así surgió la idea del tostado.
Hoy en día existen diversos procedimientos de tostado, que pueden tostar una gran cantidad de granos de café en un muy corto tiempo. Sin embargo, los granos de café ALTOMAYO son tostados mediante un cuidadoso y largo proceso de tostado. Al respecto, los granos previamente seleccionados son tostados a temperaturas de alrededor de 200° C durante 12 y 15 minutos. Gracias al largo tiempo de tostado a bajas temperaturas, se reducen las sustancias irritantes y amargas, que podrían causar malestares estomacales. Por medio de este procedimiento se garantiza un tostado uniforme de los granos.

PachaMama
HOCHLANDKAFFEE AUS
KNAUER KNAUER

PachaMama Hochlandkaffee – eine Erfolgsgeschichte aus Peru

Deutscher Qualitätsanspruch – Made in Peru

2014 stiegen zwei Deutsche in das Kaffeegeschäft der *Asociación Miguel Grau* ein: *Michael Scherff* mit seiner peruanischen Frau in Peru, zuständig für die Qualität und erster Ansprechpartner für die Kaffeebauern vor Ort.

Walter Knauer in Deutschland, verantwortlich für den Vertrieb.

Hohe Qualität – Fairer Preis

„Kaffee direkt vom Bauernhof". *PachaMama Kaffee* kommt durch *Direct Trade* auf dem kürzesten, transparentesten Handelsweg nach Deutschland und enthält nur beste, handverlesene Arabica-Bohnen. Den Bauern jedoch, die sich anstrengen, diesen Anforderungen gerecht zu werden (Pflege, Düngen, Aufbereiten, Nachhaltigkeit), wird sofort und direkt ein fairer, leistungsgerechter Preis ausbezahlt, der deutlich über dem Marktpreis liegt. Die Finceros werden regelmäßig geschult und über ökologischen Anbau aufgeklärt. Das Ergebnis: der *PachaMama Kaffee* wurde bereits 2015 von der Röstergilde mit Gold ausgezeichnet.

Das neue Projekt: *Kaffeekirschentee*

Aus dem Fruchtfleisch der Kaffeekirsche wird der Kaffeekirschentee gewonnen. Schmeckt vollmundig: feine Noten von Birne, Hagebutte und Kirsche, mit einer sanften Süße. Er hat einen hohen Koffeingehalt und natürliche Antioxidantien, ist außerdem ökologisch und ökonomisch wertvoll. Der deutsche Markt ist offen für diese Innovation.

Soziale Verantwortung

Wir fördern soziale und ökologische Projekte in der Asociación, besonders im Gesundheits- und Schulwesen.

Knauer & Knauer
Fon: +49 (0)89 40 26 96 30
Mobil: +49 (0) 176 30 52 25 45
Email: knauer@bohnenbestellen.de
Web: www.peru-kaffee.de
www.bohnenbestellen.de

PachaMama®
HOCHLANDKAFFEE AUS PERU

DIRECT TRADE

Hohe Qualität • Fairer Preis • Soziale Verantwortung

KNAUER KNAUER

INSTITUCION EDUCATIVA N° 30912
MIGUEL GRAU
PARA
DISIPLINA Y
CAFE

PachaMama Tierras Altas de Café – una historia de éxito de Perú

Walter Knauer en Alemania, responsable de ventas.

Calidad alemana – hecho en Perú

En 2014 entraron dos alemanes en el negocio de café *Asociación Miguel Grau: Michael Scherff*, con su esposa peruana, en Perú, responsable de la calidad y primera persona de contacto para los productores de café del lugar.

Alta calidad – precio justo

"Café directamente de la finca." El *café PachaMama* llega a Alemania a través de *comercio directo*, por la ruta comercial más corta y más transparente, y contiene solo los mejores granos de *cafeto arábigo*, escogidos manualmente. Los agricultores hacen un gran esfuerzo por cumplir con los requisitos de mantenimiento, fertilización, procesamiento y sostenibilidad. Se les paga de inmediato y directamente a precio justo en función del rendimiento, un precio que está significativamente por encima del precio de mercado. Los agricultores reciben constantemente capacitación sobre el cultivo orgánico. El resultado: el café *PachaMama* fue galardonado en 2015 por el *Röstergilde* con la medalla de oro.

El nuevo proyecto: Té de café

El té de café se obtiene de la pulpa de la cereza del café. Tiene un sabor con mucho cuerpo: sutiles notas de pera, rosa mosqueta, cereza, con un dulzor suave y un alto contenido de cafeína y antioxidantes naturales. El té de café es ecológico y económicamente valioso, y el mercado alemán está abierto a esta innovación.

Responsabilidad social

Promovemos proyectos sociales en la Asociación, en particular en los servicios de salud y educación.

Asociación Miguel Grau
Mobil: +51 987 549 726
Email: michael.scherff@gmail.com
Web: www.peru-kaffee.de

PachaMama®
HOCHLANDKAFFEE AUS PERU

DIRECT TRADE

Alta calidad • Precio justo • Responsabilidad social

KNAUER KNAUER

BTAC Europe GmbH – Importación & Exportación Perú

BTAC Europe GmbH es una empresa alemana-peruana guiada por la visión de construir puentes importantes entre Perú y Alemania. La fundadora *Ing. Mary L. Quicaño Ampuero* es una embajadora apasionada por las riquezas naturales de su tierra, Perú, especialmente de los productos naturales. Por consiguiente nuestra especialidad en primera instancia es la importación de alimentos, así como productos en materia prima o derivados, en su mejor forma. Como productores de éstos, tenemos nuestra marca propia para la comercialización B2B o B2C. En conclusión somos un centro de distribución de productos peruanos en Europa con una excelente ubicación estratégica.

Otros servicios:

- Importación y exportación Perú – Alemania,
- Búsqueda de proveedores en Perú,
- Asesoramiento para la importación y exportación Perú–Alemania,
- Asesoramiento en la búsqueda de productos peruanos,
- Desarrollo de proyectos en Perú,
- Desarrollo de marcas privadas,
- Centro de Distribución de Productos Peruanos (CDPP).

Nuestra participación en diversas ferias internacionales y nacionales, revistas, libros y entrevistas ilustran el camino de nuestra visión.

MARY LINDA
Tochter der Inka

La marca *MARY LINDA, Tochter der Inka*, muestra la diversidad de productos peruanos en materia de calidad orgánica. La salud es la belleza interior que se refleja externamente.

MARY, porque es un nombre común y elegante en Perú y su pronunciación es fácil, se pronuncia en español y no en inglés. *MARY* es la fundadora de nuestra empresa, es una embajadora apasionada, entusiasta de su tierra, y lo demuestra cada día promoviendo su país.
LINDA Este nombre se da por el adjetivo de *gente linda*, muchos de los extranjeros que visitan Perú utilizan ese adjetivo, que muestra la sencillez y las atenciones recibidas por los pobladores del lugar.
Tochter der Inka es en español la *Hija de los Incas*. ¿Quién fue el Inca? Se puede decir que fue un rey en el imperio incaico. Por consiguiente la hija del Inca es la princesa. Y la labor principal de la princesa no solo es servir al Inca, sino enseñar a su pueblo habilidades para tener mejor recursos naturales como la legendaria Mama Ocllo.
En la foto se aprecia el rostro de nuestra fundadora peruana, como símbolo auténtico de nuestros diversos productos en Calidad Premium. Lleva el traje de la Ñusta, una princesa inca.

Dentro de nuestra gama de productos podemos mencionar: quinua, kiwicha, cañihua, chía, café, cacao, chocolate, frutos deshidratados, maca, camu-camu, lúcuma, maíz morado, yacón, mezquite y uña de gato. (www.mary-linda.com)

BTAC Europe GmbH
Schlossmattenstrasse 12
D-79268 Bötzingen
Fon: +49 (0)766 36 08 65 50
Email: contacto@btac.eu
Web: www.btac.eu

btac
Business, Technology and Creativity

BTAC Europe GmbH – Import & Export Peru

Die *BTAC Europe GmbH* ist ein deutsch-peruanisches Unternehmen mit der Vision, Brücken zwischen Peru und Deutschland zu bauen. Firmengründerin *Ing. Mary Quicaño Ampuero* ist eine begeisterte Botschafterin des natürlichen Reichtums ihrer Heimat Peru, insbesondere im Lebensmittelbereich. Somit sind wir spezialisiert auf den Import von Lebensmitteln, die wir sowohl als Bulkware an Hersteller vertreiben als auch unter eigenen Marken für den Einzelhandel vermarkten. Zusammengefasst sind wir also ein Distributionszentrum für peruanische Produkte an einem strategisch exzellenten Standort im Dreiländereck in der Mitte Europas.

Weitere Dienstleistungen:

- Import und Export Peru–Deutschland,
- Lieferantensuche in Peru,
- Consulting zu Import/Export Peru–Deutschland,
- Consulting Beschaffungsmarkt Peru,
- Projekte in Peru,
- Private Label,
- Vertriebszentrum für peruanische Produkte.

Unsere Teilnahme an verschiedenen internationalen und nationalen Messen, an Veröffentlichungen in Zeitschriften, Büchern und in Interviews manifestieren den Weg zu unserer Vision.

MARY LINDA

Tochter der Inka

Die Marke *MARY LINDA , Tochter der Inka,* steht für peruanische Vielfalt in Bio-Qualität.

MARY steht für die Gründerin von BTAC, eine leidenschaftliche Botschafterin ihrer Heimat Peru und des natürlichen Reichtums ihres Landes. *LINDA* steht für die Aufmerksamkeit und Freundlichkeit, die viele Peru-Reisende von den dortigen Einwohnern erfahren und sie deshalb als *gente linda (nette Leute)* bezeichnen.

Tochter der Inka: Die Inkas waren die Könige im alten Inkareich und deren Töchter somit die Prinzessinnen. Deren Aufgabe war es, nicht nur dem Inka zu dienen, sondern auch dem Volk Fähigkeiten zu lehren, die Geschenke der Natur für sich zu nutzen, so wie in der Legende von Mama Ocllo. Das Marken-Logo zeigt die peruanische Gründerin in der traditionellen Tracht der Ñusta. Das ist Quechua für die Tochter des Inka. Dies steht als Symbol für die authentische Herkunft und die Premium-Qualität unserer Produkte.

Unsere Produkte bieten wir dem Bio-Fachhandel und der Gastronomie an.

Die Marke *MARY LINDA,Tochter der Inka,* steht für peruanische Vielfalt in Bio-Qualität.

Auszug aus unserem Sortiment: Quinoa, Amaranth, Cañihua, Chia, Kaffee, Kakao, Schokolade, Trockenfrüchte, Maca, Camu Camu, Lúcuma, Lila Mais, Yacon, Mesquite, Cat's Claw ...
(www.mary-linda.com)

BTAC Europe GmbH
Schlossmattenstrasse 12
D-79268 Bötzingen
Fon: +49 (0)766 36 08 65 50
Email: contacto@btac.eu
Web: www.btac.eu

btac
Business, Technology and Creativity

Costa – Sierra – Selva: Diversidad es el segundo nombre del Perú

La región de la Costa con sus vinos selectos y el famoso pisco; la región andina, la Sierra con sus pseudocereales sin gluten; y la región amazónica, la Selva, con sus frutas exóticas. Las tres grandes zonas climáticas del Perú ofrecen una variedad inmensa de productos naturales. Cada vez son más los certificados de calidad orgánica obtenidos y eso tiene como consecuencia que Perú sea cada vez más interesante como proveedor para todas las empresas alemanas en el rubro de alimentos – incluso para el mercado orgánico con su tendencia al regionalismo.

Costa: La región costeña ofrece vinos y bebidas alcohólicas, como el famoso pisco que es cada vez más popular en Europa. Incluso la viticultura, que casi ya había sido abandonada, ahora está experimentando un gran auge; los vinos peruanos se pueden encontrar cada vez más en las bodegas de conocedores de vinos europeos. Aunque la viticultura, comparada con el país vecino Chile, todavía no tiene mucha capacidad para la exportación, hay un notable esfuerzo por ampliar esa capacidad.

Sierra: En los Andes no solamente crecen los famosos pseudocereales sin gluten, como quinua, kiwicha (amaranto), cañihua o la semilla de chía, sino también muchas frutas como la lúcuma, la palta, la papaya y muchas otras. La región del este de los Andes con su selva serrana o valle es una zona de transición en la cual el café y al cacao encuentran excelentes condiciones climáticas.

Selva: En la región amazónica y en la selva serrana (valle) de la zona del este de los Andes se encuentran frutas exóticas y tubérculos. Un ejemplo de una fruta típica de esa región es el camu-camu, la fruta con el contenido más alto de vitaminas. Su contenido de vitamina C en la fruta fresca llega a 2,2 g/100 g y un promedio de 14

Costa – Sierra – Selva: Vielfalt ist Perus zweiter Name

Erlesene Weine und der berühmte Pisco aus der Küstenregion (Costa), glutenfreie Pseudogetreide aus dem Andengebirge (Sierra) und exotische Früchte aus dem Regenwald (Selva): Die drei großen Klimazonen Perus bieten ein unbeschreiblich großes Angebot an Naturkost und Lebensmittel-Rohstoffen. Immer mehr davon sind inzwischen bio-zertifiziert, sodass Peru als Beschaffungsmarkt für fast alle deutschen Unternehmen der Lebensmittelbranche immer interessanter wird – auch für den eher regional verankerten Bio-Fachhandel.

Costa: Die Küstenregion bietet Weine und Spirituosen wie den berühmten Pisco, der in Europa immer mehr an Beliebtheit gewinnt. Auch der zwischenzeitlich fast eingestellte Weinanbau erfährt eine Renaissance und peruanische Weine sind bei Weinkennern hierzulande immer öfter anzutreffen. Auch wenn der Weinanbau im Vergleich zum Nachbarn Chile nur wenig Export-Kapazitäten vorweisen kann, wird doch stetig an dessen Ausbau gearbeitet.

Sierra: Die Anden bringen nicht nur die bekannten glutenfreien Pseudogetreide Quinoa, Kiwicha (Amaranth), Cañihua oder die Öl-Saat Chia hervor, sondern sind auch Anbaugebiet für viele Früchte wie Lúcuma, Avocados, Papayas und andere. Die östlichen Anden mit ihrem Bergregenwald sind eine Übergangszone, in der Kaffee und Kakao beste klimatische Bedingungen vorfinden.

Selva: Im Amazonasgebiet und im Bergregenwald der östlichen Anden wachsen exotische Früchte und Knollen. Camu-Camu – die vitaminreichste Frucht überhaupt – ist ein Beispiel für eine typische Frucht aus dieser Region. Mit einem Vitamin-C-Gehalt von bis zu 2,2 g/100 g in der frischen Frucht und durchschnittlichen 14 % in Pulverform ist sie eine der besten natürlichen Vitamin-C-Quellen für die Naturheilmittel- oder die Nahrungsergänzungsmittelbranche.

Dies ist nur ein Bruchteil der Lebensmittel, die deutsche Unternehmen aus Peru beziehen können. Bereits jetzt ist Peru der weltweit größte Exporteur von Spargel

% en polvo, lo que la convierte en una de las mejores fuentes naturales de vitamina C para la industria de remedios naturales o de suplementos nutricionales.

Ésos son solamente algunos de los muchos alimentos que empresas alemanas pueden importar del Perú. Ya ahora, el Perú es el país exportador más grande de espárrago y café orgánico y el segundo exportador más grande de cacao orgánico y plátanos orgánicos. Con mucha frecuencia compramos productos del Perú en el supermercado alemán sin darnos cuenta.

La empresa *BTAC Europe GmbH* es una empresa importadora y distribuidora que se esfuerza mucho por dar a conocer los productos peruanos en las diferentes áreas alimenticias de los grandes productores alemanes, como por ejemplo empresas de suplementos alimenticios y otros. Y también por promover buenas condiciones de negocio, como seguridad jurídica, igualdad de trato de empresas extranjeras o el Tratado de Libre Comercio entre Perú y la Comunidad Europea, que facilita las importaciones. Es nuestra visión construir puentes entre Perú y Alemania y estamos convencidos de que la actividad comercial es el mejor camino para eso. Un desarrollo constante y sustentable no se logra con proyectos de ayuda o con subvenciones, sino con una relación comercial en pie de igualdad.

La empresa *BTAC Europe GmbH* debe su fundación a la carencia de quinua en las tiendas naturistas en aquel entonces: la fundadora I*ng. Mary L. Quicaño Ampuero*, de Arequipa/Perú, extrañaba sus alimentos favoritos andinos en Alemania. Después de desarrollar el proyecto, en noviembre 2014 se fundó la empresa, y desde entonces han sido desarrolladas tres marcas propias y dos marcas más del Perú son representadas. Además de las marcas propias, también ofrecemos el servicio de marcas privadas para productores alemanes, para casi todos los productos. Otro de nuestros servicios es acompañar proyectos en Perú y ayudar en la búsqueda de proveedores y en los primeros pasos de apertura de negocio.

Sebastian Schulz

¡Descubra la diversidad del Perú!

BTAC Europe GmbH
Schlossmattenstrasse 12
D-79268 Bötzingen
Fon: +49 (0)766 36 08 65 50
Email: contacto@btac.eu
Web: www.btac.eu

btac
Business, Technology and Creativity

und Bio-Kaffee und zweitgrößter Exporteur von Bio-Kakao und Bio-Bananen. Oftmals kaufen wir im Supermarkt Produkte aus Peru, ohne dass uns das bewusst ist.

Die *BTAC Europe GmbH* arbeitet als Importeur und Vermarkter intensiv daran, Peru in den deutschen Einkaufsabteilungen der großen Hersteller bekannt zu machen und die guten Bedingungen für Geschäfte dort zu promoten: Bedingungen wie Rechtssicherheit, Gleichbehandlung ausländischer Unternehmen oder das Freihandelsabkommen zwischen Peru und der EU, das Importe vereinfacht. Unsere Vision ist es, Brücken zwischen Peru und Deutschland zu bauen und wir sind der festen Überzeugung, dass der reguläre Handel der beste Weg ist. Weder Hilfsprojekte noch Subventionen sind nachhaltig, sondern gleichgestellte Partnerschaften auf Augenhöhe.

Ihre Existenz verdankt die *BTAC Europe GmbH* übrigens dem damaligen Mangel an Quinoa in deutschen Bio-Läden: Die Gründerin *Ing. Mary Quicaño Ampuero* vermisste in Deutschland ihre geliebten Lebensmittel aus den Anden. So wurde im November 2014 die Firma gegründet. Inzwischen haben wir drei eigene Marken entwickelt und vertreten zwei weitere Marken aus Peru. Neben unseren eigenen Marken bieten wir auch private Label für deutsche Hersteller für fast alle Produkte an. Als weitere Dienstleistung begleiten wir Projekte in Peru und helfen bei der Lieferantensuche und Geschäftsanbahnung.

Sebastian Schulz

Entdecken Sie die Vielfalt Perus!

BTAC Europe GmbH
Schlossmattenstrasse 12
D-79268 Bötzingen
Fon: +49 (0)766 36 08 65 50
Email: contacto@btac.eu
Web: www.btac.eu

btac
Business, Technology and Creativity

Dulce Esperanza

Bombones de chocolate orgánico de comercio justo en favor de la educación en el Perú

La empresa *Dulce Esperanza/Süße Hoffnung* asocia el compromiso social a la distribución de este producto peruano único, la *Chocoteja*. Nuestra dulce especialidad típica peruana es hecha a mano y se produce directamente en el Perú, con chocolate orgánico y de comercio justo *Fair Trade*. En Alemania, la Chocoteja se vende de manera honorífica, es decir, su beneficio es invertido por la asociación sin fines de lucro *Dulce Esperanza* directamente en proyectos sociales y educativos en el Perú. En el 2014, la asociación *Dulce Esperanza* fue distinguida por la UNESCO como proyecto ejemplar en su década de *Educación para el desarrollo sostenible*. La combinación entre proyectos sociales y un producto sudamericano con una experiencia de sabor única y de embalaje noble, es una idea especial y excelente para hacer un regalo.

Süße Hoffnung

**Pralinen aus fair gehandelter Bio-Schokolade
für die Bildung in Peru**

Die Firma *Süße Hoffnung* verbindet soziales Engagement mit dem Vertrieb eines einzigartigen peruanischen Produkts, der *Chocoteja*. Unsere landestypische Pralinenspezialität wird in Handarbeit aus hochwertiger Fair-Trade- und Bio-Schokolade direkt in Peru hergestellt. Der Vertrieb in Deutschland erfolgt ehrenamtlich, sodass der Gewinn vollständig über den gemeinnützigen Verein *Süße Hoffnung e. V.* in peruanische Bildungsprojekte investiert werden kann. 2014 wurde die *Süße Hoffnung* von der UNESCO im Rahmen der UN-Dekade *Bildung für nachhaltige Entwicklung* als vorbildliches Projekt ausgezeichnet. Der soziale Projekthintergrund bietet in Verbindung mit unserer edlen Produktverpackung und dem einzigartigen südamerikanischen Geschmackserlebnis eine ganz besondere Geschenkidee für vielfältige Anlässe.

Dulciana Pralinen
4er Schachtel

Dulciana Pralinen
6er Schachtel

Süße Hoffnung U.G./ Dulce Esperanza
Herrgasse 11
D-79294 Sölden
Fon: + 49 (0) 761 45 70 287
Web: www.suesse-hoffnung.de,
verein.suesse-hoffnung-ev.de

Alpaka aus Peru

Woher kommt die Schurwolle?

Das Alpaka ist ein schönes Tier mit sehr weichem, kuscheligen Fell. Es gehört zur Familie der Lamas, Guanacos und Vicuñas. Die Alpakas werden seit der Vor-Inka-Zeit wegen ihrer dichten Faserstruktur geschätzt. Je nach Eigenschaften und Qualität wird nach zwei Typen unterschieden: Huanaco und Suri.

Die Alpakas sind in den peruanischen Anden heimisch. Heutzutage stellt die Firma *Michell y Cia* die Alpaka-Faser mit der höchsten Qualität her. Dazu werden aktuellste Techniken genutzt, und es wird auf die Umwelt und Nachhaltigkeit geachtet.

Schätzungsweise 3,5 bis 4 Millionen Alpakas findet man in den südlichen Regionen Perus. Wissenschaftlich erwiesen besitzen die peruanischen Alpakas die feinste Faserstruktur.

Wie werden die Tiere behandelt?
Die Tiere werden tagsüber auf die Weide geschickt und haben so den ganzen Tag Auslauf. Die Nacht verbringen sie in Ställen. Möglich ist das, da in den Anden viel Platz vorhanden ist. Die Alpakas leben in 3500 bis 4500 Metern über dem Meeresspiegel. Dort leben sie bei bis zu 30 Grad Celsius Temperaturunterschied an nur einem Tag und sie erhalten eine spezielle Diät durch das Fressen auf den speziellen Weiden der peruanischen Anden. Die Aufzucht der Kleintiere wird in weiträumigen, teils überdachten Ställen in der Gebirgskette der Anden vollzogen.

Im Prozess der Kommerzialisierung wird das Alpaka zuerst geschoren. Der Züchter fungiert hierbei auch als Verkäufer der Alpakawolle. Er verkauft die Wolle einerseits an die Fabriken. Andererseits nutzen Landwirte und Bauern *(Campesinos)* die Alpakawolle für die Anfertigung ihrer Kleidungsstücke. Die geschorene Wolle wird gewaschen, aufgerollt und gegebenenfalls noch gefärbt. Es gibt bis zu 22 echte Alpaka-Naturfarbtöne und fast unendlich viele Schattierungen.

Gefärbt wird die Wolle in der Regel mit Naturalien: Kräuter, Sand, Insekten u.a. Alpakas können bis zu fünfmal im Jahr geschoren werden, ohne dass sie Schaden davon tragen.

Cóndor Pasa Huánuco
Hansastrasse 123
D-13088 Berlin
Fon: +49 (0)30 60 92 91 99
Email: info@condorpasa.com
Web: www.condorpasa.com

Cóndor Pasa

Shipibo-Ureinwohner/ Indígenas Shipibo

Färbung der Alpaka-Wolle/ Teñido de la lana de alpaca

Verkaufende *Mamachas/ Mamachas vendedoras*

Verkaufsfertige Waren/ Artículos listos para la venta

Alpaca de Perú

¿De dónde viene la materia prima?

La alpaca es un hermoso animal de pelaje especialmente suave y cálido. Es una especie de la familia de los camélidos, como la llama, el guanaco y la vicuña. Las alpacas han sido valoradas por su fibra desde el tiempo preincaico. En función de sus propiedades y calidad de su pelo, se distinguen entre dos tipos de alpacas: Huanaco y Suri.

Las alpacas son autóctonas de los Andes peruanos. En la actualidad la empresa Michell y Cia procesa esta milenaria fibra con tecnologías de última generación y de bajo impacto para el medio ambiente.

Se estima que actualmente existen des 3,5 a 4 millones de alpacas en Sudamérica. Un 95 % se encuentra principalmente en las regiones del sur del Perú.

¿Cómo se trata a los animales?
Las alpacas son criadas en campo abierto y acceden así a espacios amplios, pero pernoctan en corrales. Habitan en altitudes de 3.500 a 4.500 metros sobre el nivel del mar, donde soportan temperaturas que varían de 20° C a 30° C entre el día y la noche. Se alimentan según una dieta especial basada en los pastizales naturales que existen en los Andes peruanos. La crianza de los animales se realiza en espacios extensos situados en la cordillera de los Andes.

El proceso de comercialización empieza con la lana trasquilada del animal. El criador es también quien vende la lana de alpaca a las fábricas para su industrialización. Pero la lana también es utilizada por los campesinos para la elaboración de sus prendas de vestir. La forma de extraer la fibra de alpaca es trasquilando su lana. Una vez trasquilada, la lana es lavada, enrollada y a veces teñida. Pero existen hasta 22 diferentes tonos naturales de alpaca y un sinnúmero de matices.

La lana de alpaca se tiñe generalmente con colorantes naturales, como hierbas, arena o insectos. Las alpacas son esquiladas hasta cinco veces al año sin perjuicio alguno para el animal.

Cóndor Pasa Huánuco
Hansastrasse 123
D-13088 Berlin
Fon: +49 (0)30 60 92 91 99
Email: info@condorpasa.com
Web: www.condorpasa.com

Cóndor Pasa

Condor Pasa Huánuco

Cóndor Pasa Huánuco ofrece singulares piezas de artesanía del Perú, un bello país que se destaca por su diversidad. Cada obra está diseñada y realizada con extremo cuidado por nuestros artesanos. Colaboramos con las ONGs *Peruvian Artistry* y *Manos Juntas,* quienes garantizan un comercio justo. Además tenemos una cooperación con la comunidad shipiba *Bena Jema II* – un grupo étnico de la amazonia peruana. Por eso gran parte de nuestros productos está hecho por familias peruanas, madres solteras y personas con bajos recursos económicos de las regiones *Huánuco, Ayacucho, Ucayali, Lima* y *Cuzco.*

Estas regiones cubren gran parte de los Andes, la selva y ceja de selva. La artesanía tiene raíces indígenas (descendientes de los incas) y de los *shipibos (aborígenes de la selva).* La ropa de alpaca, los accesorios decorados con la manta peruana, las correas bordadas y las joyas de plata, son el resultado de muchas horas de trabajo y están hechos totalmente a mano. Gracias a la elaboración manual de piezas y modelos se crea una interacción armoniosa entre colores y formas.

Nuestro objetivo es llevar a Alemania el arte peruano y apoyar a la vez al pueblo peruano.

Cóndor Pasa Huánuco
Hansastrasse 123
D-13088 Berlin
Fon: +49 (0)30 60 92 91 99
Email: info@condorpasa.com
Web: www.condorpasa.com

Cóndor Pasa

Condor Pasa Huánuco

Cóndor Pasa Huánuco bietet einzigartige Handwerkskunst aus dem schönen sowie vielfältigen südamerikanischen Land Peru. Jedes der Werke ist eigenständig von uns ausgesucht, designt oder erstellt. Darüber hinaus arbeiten wir mit den peruanischen Hilfsorganisationen *Peruvian Artistry* und *Manos Juntas* und der *Comunidad Bena Jema II* zusammen. Diese achten auf fairen Handel und faire Preise (Fair Trade). Daher stammt ein Großteil der Waren von peruanischen Familien und alleinstehenden Frauen aus den peruanischen Regionen *Huánuco, Ayacucho, Cuzco* und *Ucayali.*

Diese Regionen decken die Vegetationen der Anden und Dschungel ab. Die angebotenen Kunstwerke sind durch den Einfluss der *Indios* (Nachfahren der Inka) und der *Shipibos* (Ureinwohner des Dschungels) geprägt. Kleidungstücke aus Alpaka, Accessoires verziert mit peruanischer Manta, sowie von Hand bestickte Gürtel und Schmuck aus Silber sind in Stunden mühevoller Handarbeit gefertigt und erhalten ihren Charme durch exklusives Design. Durch das Erschaffen von Werken und Mustern per Hand entsteht ein harmonisches Zusammenspiel zwischen Farben und Formen.

Unser Ziel besteht darin, die schöne peruanische Kunst nach Deutschland zu bringen, um so die peruanische Bevölkerung unterstützen zu können.

Cóndor Pasa Huánuco
Hansastrasse 123
D-13088 Berlin
Fon: +49 (0)30 60 92 91 99
Email: info@condorpasa.com
Web: www.condorpasa.com

Cóndor Pasa

MILLWA
Ihr Spezialist für Mode & Accessoires aus Alpaka
su especialista en ropa y accessorios de alpaca

http://www.millwa.com

MILLWA ist ein deutsch-peruanisches Familienunternehmen, spezialisiert auf die Produktion und den Verkauf von Alpakakleidung: Pullover, Strickjacken, Mützen, Handschuhe, Schals und anderes.
Die Produktion der vielfältigen Alpakaprodukte erfolgt in Huancayo, im Hochland von Peru, unter Beachtung des Fair-Trade-Prinzips. Das heißt, es wird sichergestellt, dass die Angestellten mit der Arbeit ihren Lebensunterhalt sichern können.
Der Vertrieb der Produkte im Groß- und Einzelhandel in die Europäische Union erfolgt über Deutschland. Der Verkauf an Endkunden findet über das Internet statt, auf diversen Märkten, nationalen und internationalen Messen sowie durch einzelne Produktpräsentationen.

MILLWA es una empresa familiar peruano-alemana especializada en la producción y la venta de prendas de alpaca: chompas, casacas, gorras, guantes, chalinas y otras.
La producción de los diversos productos de alpaca se realiza en Huancayo, en las alturas de Perú, respetando los principios del comercio justo, es decir, asegurando que los trabajadores puedan obtener con el trabajo sus medios de subsistencia.
La venta de los productos al por mayor y menor para toda la Unión Europea se realiza desde Alemania. La venta a clientes finales es posible por Internet, a través de diversos mercados y ferias nacionales e internacionales, pero también mediante presentaciones individuales.

MILLWA Fashion
Auweg 9
D-77836 Rheinmünster
Fon: +49 (0)7227 99 14 13,
Fax: +49 (0)7227 99 14 73
Email: info@millwa.com
Web: www.millwa.com

MILLWA ®

La fibra de alpaca – el vellón de los dioses

Las alpacas viven en los Andes de Sudamérica, en alturas a partir de 2.000 metros, al igual que por ejemplo las llamas, los guanacos y las vicuñas. Su fibra es considerada una de las más valiosas del mundo, porque combina muchas características positivas en un solo material:

- La fibra es muy fina y se caracteriza por la ausencia de gruesas fibras externas.
- Los productos de alpaca son especialmente suaves y agradables a la piel. Esto se debe al tamaño de las escamas, que son solamente la mitad de alto que por ejemplo en la lana de oveja.
- Existen 22 colores naturales en la fibra de alpaca, los cuales se pueden dividir como mínimo en 60 variedades. Ningún otro animal del mundo tiene tanta variedad de colores.
- La fibra es muy fuerte y resistente y su resistencia no disminuye cuando la fibra se hace más delgada. Por eso es ideal para el procesamiento.
- Debido a su hábitat en grandes alturas, las alpacas han desarrollado una capacidad térmica extraordinaria. Su fibra contiene bolsas de aire muy pequeñas, lo cual permite producir prendas muy livianas con altos valores de aislamiento. La fibra funciona casi como aire acondicionado: calienta en caso de frío pero también puede disipar el calor.
- La fibra de alpaca tiene un brillo natural similar a la seda.
- La fibra de alpaca no causa alergias: es completamente libre de lanolina y por eso las prendas de alpaca pueden ser utilizadas por gente alérgica y personas que sufren de dermatitis atópica.

Por todas estas razones las prendas de alpaca son cada vez más populares en todo el mundo. Son productos naturales con características extraordinarias.

MILLWA Fashion
Auweg 9
D-77836 Rheinmünster
Fon: +49 (0)7227 99 14 13,
Fax: +49 (0)7227 99 14 73
Email: info@millwa.com
Web: www.millwa.com

MILLWA®

Alpakafaser – das Vlies der Götter

Alpakas leben in den Anden Südamerikas, in einer Höhe von über 2.000 m, ähnlich wie Lamas, Guanakos und Vikunjas. Ihre Faser zählt zu den wertvollsten Naturfasern, die es auf der Welt gibt, weil sie viele positive Eigenschaften in einer einzigen Faser vereint:

- Die Faser ist sehr fein und zeichnet sich durch die Abwesenheit von groben Deckhaaren aus.
- Alpakaprodukte sind besonders weich und geschmeidig. Dies liegt an der Höhe der Schuppen, die nur halb so hoch sind, wie zum Beispiel bei Schafwolle.
- Es gibt Alpakafasern in 22 Naturfarben, die sich wiederum in 60 Farbschattierungen aufgliedern. Kein anderes Tier der Welt hat annähernd so viele Naturfarben.
- Die Faser ist ungewöhnlich stark und widerstandsfähig. Die Stärke der Faser wird nicht weniger, wenn sie dünner wird, wodurch sich die Faser ideal verarbeiten lässt.
- Durch den Lebensraum in großen Höhen hat das Alpaka mehr thermische Kapazität entwickelt als fast alle anderen Tiere der Welt. Durch mikroskopisch kleine Lufttaschen, erhält man leichte Kleidungsstücke mit hohem Isolierwert. Die Faser funktioniert fast wie eine Klimaanlage: Sie wärmt bei Kälte und kann auch Wärme ableiten.
- Alpakafaser hat von Natur aus einen feinen seidigen Glanz.
- Alpakafaser ist antiallergen. Sie ist vollkommen frei von dem allergieauslösenden Wollfett (Lanolin) und deshalb auch für Allergiker und bei Neurodermitis bestens geeignet.

Aus diesen Gründen werden Kleidungsstücke aus Alpakafasern weltweit immer beliebter. Es sind reine Naturprodukte mit herausragenden Eigenschaften.

mariposa fair trade

Accesorios y prendas favoritas de alpaca natural

mariposa es una nueva empresa importadora peruana-alemana. Somos mayoristas de accesorios y prendas de vestir de alpaca hechas según las normas de comercio justo. Nuestro signo distintivo es el uso de la fibra natural, no teñida. La fibra de alpaca existe en más de 20 tonos naturales. Esta variedad de colores está en peligro de extinción, ya que las empresas grandes de alpaca solo compran la fibra blanca para teñirla con tintes químicos. Nuestros artesanos usan solamente tintes naturales de plantas y el conocimiento ancestral de los incas. Nuestras relaciones con las artesanas – hiladoras y tejedoras – y el socio comercial *MINKAY Fair Trade* son muy estrechas y afectuosas.

Queremos mostrar con nuestro trabajo que otra economía es posible, de la cual todos pueden verse beneficiados: los productores, los comerciantes y los consumidores. Somos miembros fundadores de la Federación de importadores y distribuidores de comercio justo (Fair-Band), lo que nos obliga a la transparencia en nuestras relaciones comerciales. Nos entendemos como eslabón entre artesanas y alpaqueros en Perú, por un lado, y consumidores en Alemania, por otro.

mariposa fair trade
Riemenschneider-Strasse 3
D-97072 Würzburg
Fon: +49 (0)931 78 01 12 60
Fax: +49 (0) 322 24 07 85 59
Email: kontakt@mariposa-fairtrade.de
Web: http://mariposa-fairtrade.de

FAIR BAND PERSÖNLICH. DIREKT. FAIR.

mariposa fair trade

mariposa fair trade

Accessoires und Lieblingsstücke aus Natur-Alpaka

mariposa ist ein junges, peruanisch-deutsches Importunternehmen. Wir vertreiben als Großhändler fair gehandelte Accessoires und Bekleidungsstücke aus Alpaka. Unser Alleinstellungsmerkmal ist die Verwendung von ungefärbter Alpakawolle, die in 20 verschiedenen Naturtönen vorkommt. Diese Vielfalt ist stark bedroht, da die großen Alpakafirmen nur die weiße Wolle aufkaufen und diese chemisch färben. Wenn wir färben lassen, geschieht dies mit Pflanzenfarben und dem uralten Wissen der Inkas. Unsere Beziehungen nach Peru zu den Strickerinnen und dem Handelspartner *MINKAY Fair Trade* sind sehr eng und freundschaftlich.

Wir möchten mit unserem Tun zeigen, dass eine andere Wirtschaft möglich ist, von der ALLE profitieren: die Produzenten, die Händler und die Verbraucher. Als Gründungsmitglied des *Fair-Band* (Bundesverband für fairen Import und Vertrieb e. V.) sind wir der Transparenz in unseren Handelsbeziehungen verpflichtet und sehen uns als Bindeglied zwischen den Strickerinnen und Alpakabauern in Peru und den Konsumentinnen und Konsumenten in Deutschland.

mariposa fair trade
Riemenschneider-Strasse 3
D-97072 Würzburg
Fon: +49 (0)931 78 01 12 60
Fax: +49 (0) 322 24 07 85 59
Email: kontakt@mariposa-fairtrade.de
Web: http://mariposa-fairtrade.de

Alpaca: fibra valiosa – gente pobre

La lana de alpaca es una de las fibras naturales más valiosas que conoce el hombre. Las alpacas son una especie doméstica de mamíferos artiodáctilos de la familia de los camélidos. Las alpacas viven en los andes peruanos y bolivianos a una altura de hasta 4500 m.s.n.m. Desde el año 3000 a. C. se crían las alpacas por su lana. Hoy en día existen unos 3,5 millones de alpacas, de las cuales el 80 % viven en Perú.

Después de la independencia del Perú, en 1821, las grandes haciendas de las familias ricas continuaron la crianza. Ellos poseían comarcas enteras con miles de alpacas. Entre los años 1969 y 1979, las reformas agrarias eliminaron el latifundio y la tenencia antisocial de la tierra, siendo ésta repartida entre los trabajadores, quienes se organizaron en cooperativas. A primera vista un buen desarrollo pero que trajo muchos problemas consigo, por los cuales los alpaqueros sufren hasta hoy, ya que el Estado los abandonó a su suerte.

En primer lugar se perdió gran parte del conocimiento sobre la reproducción controlada, la cría y las enfermedades. A esto se agregó el comportamiento insolidario de los gerentes de comités, que suscitó mucha desconfianza y finalmente la quiebra de cooperativas. Hoy en día hay nuevamente intentos de organizar a los alpaqueros, los cuales tienen poco éxito, ya que el recuerdo del pasado está presente. A eso se añade el hecho de que las granjas están muy aisladas y las distancias entre ellas son enormes, lo cual complica aún más una buena comunicación. Muchos alpaqueros tienen solo una educación básica y se conforman con el poco dinero que les pagan los intermediarios, en vez de organizarse con otros alpaqueros para tener mayor posibilidad de negociación. Los alpaqueros tampoco clasifican la fibra, sino que venden toda la trasquiladura. Los precios que pagan los intermediarios son muy bajos.

Alpaka: wertvolle Wolle – arme Menschen

Alpakawolle ist eine der kostbarsten Naturfasern, die der Mensch kennt. Alpakas sind eine domestizierte Kamelform, die im Hochland Perus und Boliviens lebt. Seit 3000 v. Chr. werden die Alpakas ihrer Wolle wegen gezüchtet. Heute gibt es ca. 3,5 Mio. Alpakas, von denen 80 % in Peru leben, auf Höhen von bis zu 4500 Metern.

Nach der Unabhängigkeit Perus im Jahre 1821 blieben die großen Haciendas der reichen Familien bestehen. Diese besaßen ganze Landstriche mit vielen tausend Alpakas. In den Jahren 1969 bis 1979 gab es verschiedene Landreformen mit dem Ergebnis, dass die Haciendas zerschlagen wurden und das Land an die Arbeiter aufgeteilt wurde, die sich in Kooperativen zusammenfanden. Diese – auf den ersten Blick – positive Entwicklung brachte weitreichende Probleme mit sich, unter denen die Alpakabauern bis heute leiden, da der Staat sie dann ihrem Schicksal überließ.

Zunächst einmal verschwand viel Wissen über die Tiere im Hinblick auf gesteuerte Fortpflanzung, Züchtung und Krankheiten. Dann kam hinzu, dass sich die neu gewählten Vorsitzenden der Komittees unsolidarisch verhielten, was zu großem Misstrauen und dem Zerfall vieler Kooperativen führte. Heute gibt es wieder neue Versuche, die Alpakabauern zu organiseren, welche aber u. a. aufgrund der Vergangenheit nur mäßigen Erfolg zeigen. Dazu kommt die Tatsache, dass die Höfe der Bauern weit auseinander liegen und nur sehr schwer zu erreichen sind. Das erschwert eine regelmäßige Kommunikation. Viele Alpakabauern verfügen nur über eine sehr grundlegende Bildung und bevorzugen das wenige Geld, das die Zwischenhändler zahlen, anstatt die Wolle mit anderen Bauern zusammenzulegen und eine bessere Verhandlungsbasis zu erreichen. Auch klassifizieren die Bauern die Wolle häufig nicht, sondern verkaufen die komplette Schur. Die Preise, welche die Aufkäufer zahlen, sind sehr gering.

Hoy en día muchos alpaqueros trabajan por su cuenta, ajenos a la atención pública y olvidados por la política. Los rebaños disminuyen y la calidad de la fibra empeora, por la falta de conocimientos. Los grandes rebaños se reparten cada vez más y la mayoría de las familias alpaqueras solo tienen entre 50 y 100 animales. Eso no alcanza para una vida digna y humana. Con un rebaño de 100 animales el alpaquero puede ganar solo unos 350 soles al mes, la mitad del sueldo mínimo en el Perú.

Una chompa de alpaca cuesta más de 200 euros en las tiendas de Alemania, pero los alpaqueros, que crían a los animales, viven muchas veces en extrema pobreza.

Siempre ha habido intentos de cambiar esta situación. Pero todos se estrellaron contra la posición de monopolio de la industria alpaquera en el Perú. Por eso *mariposa* y *MINKAY* han buscado y encontrado un nuevo camino. Compramos la fibra directamente al alpaquero y en el mercado. Usamos la fibra no teñida en colores naturales – lo cual ayuda a proteger las alpacas de colores – o la teñimos con tintes naturales. Nuestras artesanas en la región de Juliaca hilan y tejen. De esta manera conocemos toda la cadena de valor y podemos ofrecer productos de alta calidad.

mariposa fair trade
Riemenschneider-Strasse 3
D-97072 Würzburg
Fon: +49 (0)931 78 01 12 60
Fax: +49 (0) 322 24 07 85 59
Email: kontakt@mariposa-fairtrade.de
Web: http://mariposa-fairtrade.de

Heute arbeiten viele Alpakabauern für sich, weit entfernt von der öffentlichen Aufmerksamkeit und vergessen von der Politik. Die Herden schrumpfen und die Wollqualität sinkt oft, weil viel Wissen fehlt. Die großen Herden sind immer mehr zerstückelt worden und die meisten Familien haben nur zwischen 50 bis 100 Tiere. Das reicht nicht zu einem menschenwürdigen Leben. Eine 100 Tiere starke Herde bringt im Monat durchschnittlich 350 Soles ein. Das entspricht der Hälfte eines aktuellen Mindestlohnes.

Ein Pullover aus Alpakawolle kostet im Handel schnell über 200 €. Die Bauern,die die Tiere halten, leben dagegen oft in extremer Armut.

In der Vergangenheit gab es immer wieder Versuche, dies zu ändern. Sie scheiterten fast alle an der monopolartigen Stellung der peruanischen Alpakaindustrie. Daher haben wir bei *mariposa* und *MINKAY* im Kleinen einen Weg ohne die großen Konzerne gesucht und gefunden: Wir kaufen die Wolle entweder direkt bei den Bauern oder auf dem Markt. Wir verwenden meist die ungefärbte Wolle in den Naturtönen – was zum Erhalt dieser Vielfalt beiträgt – oder färben selbst mit Pflanzenfarben. Das Spinnen und Stricken übernehmen unsere *Artesanas* im Umland von Juliaca. So können wir Produkte anbieten, von denen wir die ganze Wertschöpfungskette kennen und die zu einem besseren Leben der Alpakabauern und Strickerinnen beitragen.

mariposa fair trade
Riemenschneider-Strasse 3
D-97072 Würzburg
Fon: +49 (0)931 78 01 12 60
Fax: +49 (0) 322 24 07 85 59
Email: kontakt@mariposa-fairtrade.de
Web: http://mariposa-fairtrade.de

FAIR BAND PERSÖNLICH. DIREKT. FAIR.

mariposa fair trade

Mama Ocllo: Regalos exclusivos para bebés recién nacidos

Mama Ocllo es una empresa familiar peruano-alemana situada en Baviera, especializada en la producción de ropa orgánica confeccionada con exclusivas fibras naturales y peluches hechos a mano y provenientes de comercio justo.

Ropa para bebé: orgánico, justo y vegano
Usando las más finas fibras de algodón Pima orgánico y algodón nativo (con colores naturales de la fibra), *Mama Ocllo* confecciona delicados bodys, enterizos y vestidos (talla 0-24 meses) que acarician la piel y garantizan el bienestar de los bebés recién nacidos.

Peluches y botitas para bebé: producto hecho a mano, justo y sostenible
Además se ofrecen lindos accesorios tejidos a mano como peluches de algodón Tangüis y botitas hechas con lana de Baby Alpaca. *Mama Ocllo* encarga la producción de todos sus accesorios a una organización de mujeres tejedoras en Puno – una región con altos índices de pobreza en Perú. De esta manera se contribuye al desarrollo económico sostenible de las tejedoras.

Consejo: Las prendas de *Mama Ocllo* son un excelente detalle para parientes, amigos, clientes o socios comerciales que acaban de tener bebés. Aprovecha nuestro servicio especial B2B.

Mama Ocllo Import UG
Tulpenweg 2
D-83071 Stephanskirchen
Fon: +49 (0)803 13 91 60 96
Email: team@mama-ocllo.com
Online Shop: www.mama-ocllo.com

Mama Ocllo: Besondere Babygeschenke für anspruchsvolle Schenker

Mama Ocllo ist ein deutsch-peruanisches Familienunternehmen aus Bayerm, das sich auf die Produktion von Babybekleidung aus kostbaren bio-zertifizierten Naturfasern sowie fair produzierter Kuscheltiere aus Peru spezialisiert hat.

Babykleidung: bio, fair, vegan
Wickelbodies, Strampler und Kleidchen (Gr. 0–24 M) werden in einer kleinen Schneiderei in Lima aus seidenweicher Pima und natürlich farbig gewachsener Inka Baumwolle gefertigt. Schadstofffrei, antiallergen und herrlich atmungsaktiv, eignet sich peruanische Biobaumwolle ideal für Neugeborene und hautsensible Babys.

Kuscheltiere und Boots: handgestrickt, fair und nachhaltig
Handgestrickte Kuscheltiere aus Tangüis-Baumwolle sowie schicke Baby Boots aus Baby-Alpaka-Wolle ergänzen das Produktportfolio. Hinter den aufwendig gefertigten Accessoires verbirgt sich eine feministische Non-Profit-Organisation in einer der ärmsten Regionen Perus: die Strickerinnen von Puno. Sie ebnen sich auf diesem Weg ihre ökonomische Unabhängigkeit.

Tipp: Überraschen Sie Ihre Kollegen, Kooperationspartner, Freunde und Verwandte mit einem hochwertigen Geschenkset, das auf Wunsch liebevoll verpackt direkt an die jungen Eltern versandt wird.

Mama Ocllo Import UG
Tulpenweg 2
D-83071 Stephanskirchen
Fon: +49 (0)803 13 91 60 96
Email: team@mama-ocllo.com
Online Shop: www.mama-ocllo.com

Mama Ocllo

Perú y su valioso algodón

Perú es un país de belleza indescriptible, que gracias a la colorida variedad de su flora y fauna y al encanto de sus habitantes atrae a turistas de todo el mundo.

Pero también desde la perspectiva comercial, el Perú es un país muy atractivo para "cazadores de tesoros" de todo el mundo. Así como hace siglos osados aventureros buscaron en vano El Dorado, hoy en día se descubren, sin peligrosas excursiones, preciosos recursos naturales que despiertan la fascinación de compradores y consumidores. Uno de estos preciados tesoros, que se ha preservado por siglos, es el algodón *Pima*, que gracias a sus extensas fibras y extrema suavidad ha sabido ganarse el calificativo de "seda de Sudamérica".

No todos los algodones son iguales

Actualmente el algodón puede ser clasificado en cuatro variedades, que se cultivan en distintas regiones del Planeta y que, en primera instancia, se diferencian por la longitud de sus fibras.

El 90 % de la producción mundial de algodón está dominado por la variedad *Gossypium hirsutum*, más conocida como algodón *Upland*, una planta con fibras de longitud mediana y que tiene su origen en Centroamérica.

Aproximadamente el 4 % de la producción mundial está representado por las variedades de algodón de fibras cortas *Gossypium herbaceum* y *Gossypium arboreum*, con origen en África y Asia, respectivamente.

Solamente el 5 % corresponde a la variedad de algodón de fibra extra larga *Gossypium barbadense*, que es cultivada en Perú, EE.UU., Sudán y Egipto.

Algodón Pima – "la seda de Sudamérica"

En los fértiles valles de la región Piura (norte del Perú) crece la más fina fibra de algodón. Las condiciones climáticas perfectas, junto a siglos de conocimientos

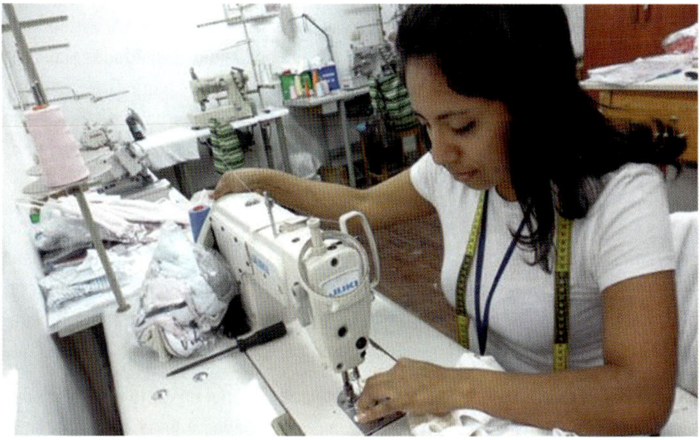

Peru und seine kostbare Baumwolle

Peru ist ein unbeschreiblich schönes Land, das durch seine farbenfrohe Flora und Fauna und die Warmherzigkeit der Menschen Touristen aus aller Welt in seinen Bann zieht.

Jedoch auch aus professioneller Sicht ist Peru ein Magnet für „Schatzsuchende" aus aller Herren Länder. Wenn man früher vergeblich nach El Dorado suchte, so stößt man heute ganz ohne abenteuerliche Exkursionen auf Kostbarkeiten, die die Herzen von Einkäufern und Konsumenten höher schlagen lassen. Einer dieser Schätze, der viele hundert Jahre überdauert hat, ist die extra langfaserige *Pima-Baumwolle*, die im Laufe der Zeit den Beinamen „Seide Südamerikas" erhalten hat.

Baumwolle ist nicht gleich Baumwolle

Heutzutage unterteilt man Baumwolle in vier Gattungen, die in verschiedenen Erdteilen angebaut werden und sich in erster Linien hinsichtlich ihrer Faserlänge unterscheiden. 90 % der gesamten Baumwollproduktion weltweit stellt die sog. *Upland-Baumwolle*, die ihren Ursprung in Zentralamerika hat, eine mittlere Faserlänge aufweist und zur Gattung *Gossypium hirsutum* gerechnet wird.

Etwa 4 % der Weltproduktion stellen die kurzfaserigen Baumwollarten der Gattung *Gossypium arboreum* und *Gossypium herbaceum*, mit Ursprung in Afrika bzw. Asien. Und lediglich 5 % stellt die extra langfaserige Baumwolle der Gattung *Gossypium barbadense*, die heute in Peru, den USA, dem Sudan und in Ägypten kultiviert wird.

Pima Baumwolle – „Seide Südamerikas"

In den fruchtbaren Tälern rund um die Region Piura (Nordperu) wachsen die feinsten Baumwollfasern, die es auf dem Markt gibt. Perfekte klimatische Bedingungen, Jahrhunderte altes Wissen in der Saat, dem Anbau und der Ernte bieten all das, was die Baumwollpflanze der Gattung *Gossypium barbadense* braucht, um ihre seidenähnlichen Eigenschaften zu erlangen. Eine vergleichbar hochwertige Qualität wird allein tradicionales sobre la siembra, el cultivo y la cosecha, le permiten a la variedad de algodón *Gossypium barbadense* alcanzar su alta sedosidad. Cualidades similares solo pueden ser comparables con las del algodón Mako de Egipto. Gracias a que en el valle del Nilo reinan condiciones similares a la región peruana de Piura, esta semilla de algodón oriunda del Perú ha podido encontrar todas las condiciones necesarias para desarrollarse también en el norte de África.

Pero ¿por qué se le llama "seda de Sudamérica" al algodón *Pima*? La seda animal se obtiene del capullo de la oruga de seda. De estos hilos se tejen maravillosas telas, que cubren la piel delicadamente, ayudan a balancear la temperatura corporal y tienen propiedades transpirantes y anti-alergénicas. Debido a sus cualidades, el uso de la seda es recomendado a personas con piel sensible.

El algodón *Pima* peruano es muy similar a la seda animal en tacto y propiedades térmicas. Sus extensas fibras naturales son muy suaves y finas, y favorecen el equilibrio térmico corporal como la seda. El brillo y resplandor natural de las fibras de algodón *Pima* hacen recordar también a la seda. Las ventajas del algodón Pima frente a la seda animal son entonces su facilidad para el lavado a máquina y su afinidad hacia el consumidor vegano, por ser un producto 100 % de origen vegetal.

Algodón Pima orgánico certificado
Cultivar algodón Pima es caro, en promedio tres veces más caro que los algodones de fibra corta *Gossypium herbaceum y arboreum*, y al menos dos veces más caro que el algodón *Upland*. El algodón Pima orgánico certificado es aún más caro, pues deben considerarse los costos de la certificación. Por esta razón el cultivo del algodón *Pima* es atractivo para los agricultores.

Especialmente en un país donde la población rural depende de grandes cosechas para poder alimentar a la propia familia, los agricultores prefieren cultivar lo que más aporta beneficios. La hoja de coca es, debido al narcotráfico, un cultivo rentable. El algodón orgánico aparece en escena como una alternativa atractiva. Actualmente ya existen diversos proyectos que fomentan el cultivo de algodón orgánico como un mecanismo para combatir el cultivo de la coca.

der *Mako* Baumwolle aus Ägypten zugesprochen. Im schönen Nildelta herrschen ähnlich gute Anbaubedingungen wie im peruanischen Piura, sodass die ursprünglich aus Peru stammenden Samen auch dort die Nährstoffe bekommen, die für eine reiche Ernte notwendig sind.

Warum aber wird *Pima* als „Seide Südamerikas" bezeichnet? Tierische Seide wird aus den Kokons der Seidenraupe gewonnen. Aus den Fäden werden wunderbare Stoffe gewebt, die die Haut zart umhüllen, die Körpertemperatur ausgleichen, atmungsaktiv sind und antiallergen wirken. Gern wird Seide daher für Menschen mit besonders sensibler Haut empfohlen.

Peruanische *Pima-Baumwolle* ist tierischer Seide in Haptik und Thermik sehr ähnlich. Die extra langen Naturfasern fühlen sich geschmeidig und fein an und sind ebenso temperaturausgleichend und atmungsaktiv wie Seide. Der natürlich schimmernde Glanz der *Pima-Baumwollfasern* lässt ebenfalls an Seide denken. Die Vorteile gegenüber tierischer Seide sind zum einen, dass Baumwolle maschinenwaschbar ist, zum anderen, dass sie auch für ein veganes Zielpublikum geeignet ist.

Bio-zertifizierte Pima Baumwolle

Pima -Baumwolle ist teuer, durchschnittlich dreimal so teuer wie kurzfaserige Baumwollarten und zumindest doppelt so teuer wie *Upland-Baumwolle.*

Bio-zertifizierte *Pima-Baumwolle* ist noch teurer, müssen schließlich auch die Kosten der Zertifizierung mit eingerechnet werden. Für die Baumwollbauern in Peru ist *Pima-Baumwolle* daher umso attraktiver.

Insbesondere in einem Land, dessen Landbevölkerung auf reiche Ernteerträge angewiesen ist, um die eigene Familie ernähren zu können, wird in erster Linie das angebaut, was Profit bringt. Die Coca-Pflanze ist aufgrund der Drogenmafia nach wie vor ein gewinnbringendes Gut. Da bietet Bio-Baumwolle eine attraktive Alternative. Und so gibt es bereits Projekte, die den Anbau von ökologischer Baumwolle fördern, um den Coca-Anbau langfristig einzudämmen.

Mama Ocllo Import UG
Tulpenweg 2
D-83071 Stephanskirchen
Fon: +49 (0)803 13 91 60 96
Email: team@mama-ocllo.com
Online Shop: www.mama-ocllo.com

Mama Ocllo

BUNTE
HANDTASCHEN

Bunte-Handtaschen.de

Taschen & Accessoires aus Peru und Bolivien

Das Unternehmen *Bunte Handtaschen – Taschen & Accessoires* aus Südamerika mit Sitz in Köln wurde im Jahr 2012 von Hayo Fricke mit dem Ziel gegründet hat, qualitativ hochwertige Produkte des Familienbetriebes *Kipu´s Art* aus Lima zu importieren, um diese auf dem europäischen Markt anzubieten. Über den Online-Shop *www.bunte-handtaschen.de* können Taschen, Mäppchen, traditionelle Aguayo-Decken, Alpaka-Schals und weitere Accessoires direkt bestellt werden.
Die mit dem Label *Kipu´s Art und Artesanos Andinos* ausgezeichneten Artikel bestehen zu 100 % aus Naturtextilien, wie Schaf- oder Alpakawolle, und werden in traditioneller Handarbeit in Peru, in der Region Cajamarca, in der Hauptstadt Lima sowie im Hochland von Bolivien hergestellt
Die Einnahmen aus dem Verkauf fließen zu 100 % in den Erhalt des Online-Shops sowie in den Kauf neuer Produkte in Peru und Bolivien. Dadurch werden die Produzenten vor Ort unterstützt werden. Alle Produkte werden zu den von den Produzenten vorgegebenen Preisen eingekauft. Durch den Direktimport vom Hersteller wird eine faire Bezahlung der Produzenten in Peru und Bolivien gewährleistet.

Bolsos y accesorios de Perú y Bolivia

La compañía *Bunte Handtaschen – Bolsos y accesorios de América del Sur,* con sede en Colonia, fue fundada en 2012 por Hayo Fricke con el objetivo de importar productos de calidad de la empresa familiar *Kipu´s Art* de Lima, para ofrecerlos en el mercado europeo. A través de la tienda online de *www.bunte-handtaschen.de,* se pueden pedir directamente bolsas, estuches de lápices, mantas tradicionales aguayos, bufandas de alpaca y otros accesorios.
Los productos de la etiqueta *Kipu´s Art y Artesanos Andinos* son totalmente fabricados con telas naturales, como oveja o alpaca, y tradicionalmente hechos a mano en el Perú, en la región de Cajamarca y en la capital, Lima, pero también en el altiplano de Bolivia.
Los ingresos procedentes de la venta se destinan totalmente al mantenimiento de la tienda en línea y a la compra de nuevos productos en el Perú y Bolivia. Todos los artículos se compran a los precios establecidos por los productores locales. Gracias a la importación directa de los productos se garantiza una remuneración justa para los productores en Perú y Bolivia.

Bunte-Handtaschen.de –
Taschen und Accessoires aus Südamerika
Seniorenweg 13, D-50999 Köln
Fon: +49(0)223 63 31 99 11
Email: info@bunte-handtaschen.de
Web: www.bunte-handtaschen.de

BUNTE HANDTASCHEN

Bonita
Peruanischer Silberschmuck

Bonita Peruanischer Silberschmuck

präsentiert eine faszinierende Schmuckkultur.

Wir möchten die Kunst und Kultur Perus im exklusiven Design der Schmuckstücke weitergeben, die von einer jahrhundertealten Inka Kultur inspiriert wird.
Unser Inka-Schmuck ist komplett handgefertigt und jedes Teil ist ein Einzelstück. Dieser wird aus hochwertigem 950 Silber gefertigt und mit Naturmaterialien, wie peruanischem Türkis, Quarz, Sodalith, Onyx, Lapizlazuli, Meeresmuscheln, Perlmutt, Samen oder anderen typisch peruanischen Elementen veredelt.
Durch die genaue Arbeit von Designern, Kunsthandwerkern und Goldschmieden, die den alten Traditionen folgen, ist es uns möglich, Ihnen wahre wahre Kunst-Schmuckwerke anzubieten. Dies ist stets unser größtes Ziel.
In jedem Schmuckstück kann man die Vielfalt und die Schönheit der peruanischen Kunst wiederfinden. Tradition, Kunst und Farbe zeichnen unseren exklusiven Schmuck aus. Dadurch verleiht dieser Ihnen Schönheit und Stil.

Wir freuen uns, Sie persönlich beraten zu dürfen, und stehen Ihnen gern für Fragen zur Verfügung.

Ihr Bonita Peruanischer Silberschmuck Team

Bonita Silberschmuck tiene el objetivo de difundir la cultura y el arte peruano a través de nuestros diseños exclusivos de colección inspirados en la cultura milenaria inca.
La elaboración de nuestras joyas se realiza enteramente a mano, pieza por pieza. Los artículos son desarrollados en base a elementos de la naturaleza y están confeccionadas en plata peruana 950 de alta calidad e incrustaciones de piedras semipreciosas como la turquesa peruana, conchas marinas, cuarzo, ónix, sodalita, nácar y otros materiales típicos del Perú. El delicado trabajo de diseñadores, orfebres y artesanos peruanos, seguidores de toda una tradición de estimable valor artístico, nos permite ofrecerle estas singulares obras de arte peruano.
En nuestras joyas exclusivas se privilegia la tradición, el encanto de colores y la belleza del arte peruano, introduciendo en cada joya un toque exclusivo de elegancia y estilo.

Estamos su disposición para asesorarle personalmente y responder a cualquier consulta.

Bonita Silberschmuck
Fon: +49 (0)172 93 03 504
Email: info@bonita-silberschmuck.com
Web: www.bonita-silberschmuck.com

Bonita
Peruanischer Silberschmuck

Manufactura *KLANGspiel*

La marca *KLANGspiel* es, desde 2006, sinónimo de excelencia en sonoridad y excelencia en el diseño de cajones y otros tambores similares con área percutiva de madera. Construimos nuestros instrumentos de percusión a mano en Alemania según los siguientes preceptos:

CAJONES EXCELENTES PARA MÚSICOS EXCELENTES

La excelencia es aplicable tanto a nuestros cajones para músicos profesionales, como a los instrumentos de *KLANGspiel* para niños, escolares y músicos aficionados. También fabricamos instrumentos con acabados de alta calidad, agradables al tacto, de reacción sensible y sonido armonioso para su uso desde la educación temprana hasta el nivel profesional.

KLANGspiel ofrece un amplio abanico de instrumentos conocidos, menos conocidos y nuevos, con los más diferentes timbres y modos de ejecutar en diversos grados de complejidad, todos construidos bajo el ya mencionado precepto de la alta calidad.

Spanisch: Guerilio Peralta (Perú-Vision.com)

Manufaktur *KLANGspiel*

KLANGspiel – der Name steht seit 2006 für klanglich und konstruktiv hervorragende Cajones und aus diesen weiterentwickelte und verwandte Trommeln mit Holzspielflächen. Unsere in Deutschland handgefertigten Perkussionsinstrumente entstehen nach dem Konzept:

FINEST CAJONES FOR FINEST MUSICIANS

Dies gilt gleichermaßen für unsere Profi-Cajones wie für die Kinder-, Schüler- oder Hobbyinstrumente von *KLANGspiel*. Für die Einsatzbereiche in Früherziehung und Schule bis hin zur professionellen Verwendung stellen wir hochwertig verarbeitete, haptisch angenehme, sensibel reagierende und wohlklingende Musikinstrumente her.

KLANGspiel bietet eine breite Palette an bekannten, wie auch außergewöhnlichen und neuen Instrumenten mit verschiedensten Klängen, Bespielweisen und unterschiedlichen Komplexitätsgraden an, die immer unter der Maßgabe einer hohen Qualität gefertigt werden.

Manufaktur KLANGspiel. Christoph Franzen

Am Eichelgärtchen 2, D-56283 Halsenbach
Fon: +49 (0)6747 95 02 58, Fax: +49 (0)3212 37 26 936
Email: cf@klang-spiel.eu,
Web: www.klang-spiel.eu

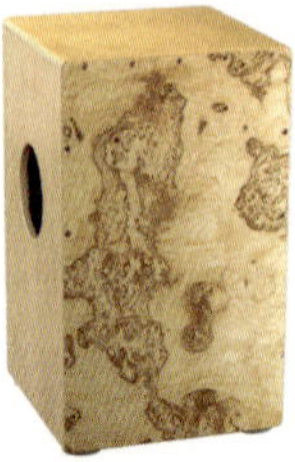

El Cajón

Un instrumento de percusión de origen peruano conquista desde hace algún tiempo los más diversos mundos musicales: el cajón. Este simple tambor de madera nació entre los esclavos africanos de las plantaciones azucareras en la época de la colonia. Habiéndoles prohibido los dueños de éstas tocar sus tambores por miedo a que se sublevaran comunicándose por este medio, los esclavos pronto sustituyeron los tambores por las cajas de madera que se utilizaban para el transporte de frutos.

Hoy en día el cajón constituye un instrumento fundamental en las diferentes formaciones musicales que cultivan la música tradicional a lo largo de la costa peruana, estando así presente en los escenarios de la mayoría de las fiestas populares del Perú.

En los años 70 el cajón arribó a España de la mano de *Paco de Lucía*, quien por esos años descubrió en una gira por el Perú las grandes posibilidades de este instrumento en el ámbito de la música flamenca y lo integró al sonido inconfundible de su obra musical.

La divulgación a nivel mundial del cajón tiene lugar de modo gradual, consolidándose su posición paso a paso en muchos géneros musicales. Y también en Alemania goza la "caja rítmica", así su denominación común en este país, desde hace años de mucha popularidad. Uno se encuentra con el cajón en la música callejera, en los escenarios, los jardines de infantes, colegios y en instituciones de formación musical en flamenco, música folclórica, pop, rock … es decir, casi en todas partes.

Su seductora accesibilidad constituye seguramente una de las razones de su éxito. Basta que uno se siente sobre el instrumento para que las manos se encuentren automáticamente en la posición de tocar. Dos o tres tipos de golpe son suficientes para aprender en muy corto tiempo ritmos simples, pero bien acentuados causando en los oyentes un efecto considerable.

Pero el cajón también permite una ejecución altamente virtuosa, que pone de manifiesto su gran espectro de posibilidades.

Spanisch: Guerlio Peralta (Peru-Vision.com)

KLANG spiel

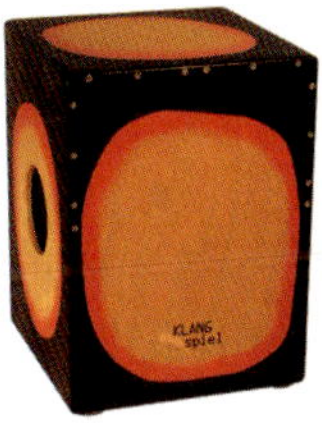

Der *Cajón*

Ein Perkussionsinstrument, dessen Ursprünge in Peru liegen, erobert seit geraumer Zeit die unterschiedlichsten musikalischen Welten: der *Cajón.* Diese einfache Holztrommel entstand unter den versklavten afrikanischen Arbeitern auf den Zuckerrohrplantagen der Kolonialherren. Letztere hatten aus Angst vor Aufrührertum durch Verständigung mittels Trommelsprache den Sklaven das Spielen der Trommeln strengstens untersagt. Diese entdeckten und kultivierten aber bald die Möglichkeit, ihre Rhythmen auf einfachen Holzkisten zu spielen. Die Urahnen der heutigen Cajones waren entstanden.

Heute gehört der *Cajón* in der Westküstenregion Perus prägend zur dortigen traditionellen Musik und setzt verbreitet einen allgemeinen Akzent in den Wohneinrichtungen. Aus den Live-Clubs der Region ist der Klang der „Kisten" nicht wegzudenken.

Den Weg nach Europa fand der *Cajón* in den 70er Jahren des vergangen Jahrhunderts. Das Erscheinen dieses Instrumentes in der „alten Welt", zuerst in Spanien, wird mit dem Gitarristen *Paco de Lucia* in Verbindung gebracht. Er integrierte den charakteristischen Klang des Cajón fest in die von ihm weiterentwickelte Flamenco-Musik.

Bei seiner räumlichen Ausbreitung über den Globus entwickelte der *Cajón* nach und nach einen enormen Variantenreichtum und festigte seine Position in unterschiedlichsten Musikrichtungen. Auch in Deutschland ist die „Rhythmuskiste" seit Jahren ein äußerst beliebtes Instrument. Man findet den Cajón in der Straßenmusik und auf der Bühne, in Kindergärten, Schulen und musikalischen Ausbildungseinrichtungen, in Flamenco, Folkmusik, Pop, Rock ... nahezu überall.

Seine bestechende Zugänglichkeit ist wohl ein Teil seines Erfolgrezeptes. Der Spieler sitzt ganz einfach auf dem Instrument, wobei sich seine Hände gewissermaßen automatisch in Spielposition befinden. Zwei bis drei Grundschlagarten reichen aus, um effektvolle und akzentuierte einfache Rhythmen in kürzester Zeit zu erlernen.

Dabei öffnet sich der *Cajón* aber auch für hochvirtuoses Spiel und zeigt auch hier seine große Bandbreite an Möglichkeiten.

KLANG spiel

Weitere Firmen, die peruanische Produkte in Deutschland anbieten

Otras empresas que ofrecen productos peruanos en Alemania

Alpaka-Shop Hamburg
http://www.der-alpaka-shop.de

OLLIPAC Bremen
www.ollipac.de

MITOS Oldenburg
http://www.mitosfashion.de

Ringelsuse GmbH Frankfurt am Main
http://www.ringelsuse.de

La Casita de Perú
http://lacasitadeperu.wixsite.com/lacasitadeperu/wwwlacasitadeperude-c1se

Ethiquable Deutschland eG
http://www.ethiquable.de

Rapunzel Naturkost GmbH
www.rapunzel.de

GEPA GmbH
http://www.gepa.de

El Puente GmbH
http://www.el-puente.de

GLOBO Fair Trade Partner GmbH
www.globo-fairtrade.de

Kartenshop Heubach
http://www.kartenwerkstatt-peru.org

Artesanos
www.artesanospk.com

Zaunick e. k. Worms
http://www.zaunick.de

Teil 2.2

Consulting & Services

Parte 2.2

Asesoramiento y servicios

Rechtsanwaltskanzlei Portocarrero-Psaltiras

Die Kanzlei bietet Ihnen Beratung sowie außergerichtliche und gerichtliche Vertretung in den Rechtsgebieten des Handelsrechts, des Familien- & Erbrechts und des Strafrechts. Der Schwerpunkt der Kanzlei liegt in dem internationalen Privat- und Verfahrensrecht. Auf Grund des persönlichen und beruflichen Werdegangs der Rechtsanwältin Portocarrero-Psaltiras und der Vernetzung mit Anwaltskanzleien in Mittel- und Südamerika und Spanien werden internationale Sachverhalten umfassend und kompetent bearbeitet.

Rechtsgebiete: Handelsrecht, Familien- & Erbrecht, Strafrecht, Internationaler Rechtsverkehr.

El despacho ofrece asesoramiento jurídico y representación judicial y extrajudicial en las áreas de derecho mercantil, derecho de familia, derecho de sucesiones y derecho penal. En particular se ocupa del tratamiento de conflictos en el marco del derecho internacional. La trayectoria profesional de la abogada Portocarrero-Psaltiras y las estrechas relaciones con despachos jurídicos en Sudamérica, Centroamérica y España, permiten gestionar los casos y conflictos de carácter internacional en toda su complejidad.

Áreas de práctica: Derecho mercantil, derecho de familia, derecho de sucesiones, derecho penal y relaciones jurídicas internacionales.

Rechtsanwältin Portocarrero-Psaltiras

ist an allen Amtsgerichten, Landgerichten und Oberlandesgerichten in Deutschland vertretungsberechtigt und vertritt die Interessen ihrer Mandanten bundesweit. Geboren in Lima, Peru. Studium der Rechtswissenschaften an der Pontifícia Universidad Católica del Perú und an der Eberhard-Karls-Universität Tübingen. Referendariat am Landgericht Stuttgart.

Abogada Portocarrero-Psaltiras

Nació en Lima-Perú. Estudios en la Facultad de Derecho de la Pontificia Universidad Católica del Perú. Estudios completos en la Facultad de Derecho de la Universidad Eberhard Karls de Tübingen y pasantía en el Tribunal Regional de Stuttgart. La abogada Portocarrero-Psaltiras es habilitada como abogada en Alemania y tiene la facultad para representar los intereses de sus clientes en todos Tribunales Distritales, Regionales y Federales en toda Alemania.

Rechtsanwaltskanzlei Portocarrero-Psaltiras
Rechtsanwältin Milagros Portocarrero-Psaltiras
Untere Vorstadt 17, D-71063 Sindelfingen
Fon: +49 (0)70 31 81 84 455; Fax: +49 (0)7031 81 844 56; Mobil: +49 (0)179 12 43 247
Email: ra.portocarrero-psaltiras@t-online.de
Web: http://www.ra-psaltiras.de

Bufete Jakob

Su asesor en materia de derecho alemán e internacional comercial, económico y de transporte

El bufete Jakob se dedica al derecho comercial (internacional), derecho económico y derecho de transporte. Ofrecemos asesoramiento y representación judicial en al ámbito del comercio de mercancías, importación/exportación, comercialización, logística y transporte de mercancías. Con nuestra sección para relaciones comerciales entre Alemania y Latinoamérica prestamos servicios de asesoramiento y representación especialmente a empresas que deciden establecer o ya tiene relaciones de negocio con empresas en Latinoamérica o Alemania.

Nuestra gama de servicios incluye en especial las siguientes materias jurídicas:

- Derecho internacional de compraventa y suministro,
- Derecho de comercialización,
- Derecho comercial/del comercio exterior,
- Derecho de transporte,
- Derecho aduanero,
- Derecho europeo, internacional privado y procesal.

Elaboramos y verificamos en especial contratos de compraventa y suministro, contratos de distribución, acuerdos de representación comercial, contratos de transporte, así como figuras contractuales especiales. Puede contar con nuestro asesoramiento y apoyo en cuestiones de establecimiento de relaciones comerciales y realización de contratos pactados en el ámbito latinoamericano-alemán. También nos hacemos cargo de la representación judicial ante los tribunales civiles o arbitrales alemanes

Aviso: Nuestro bufete se muda el 01.02.2107.
La nueva dirección es la siguiente:
Hopfengartenweg 6, D-90451 Nürnberg
Para más información visite nuestra página web:
www.anwaltskanzlei-jakob.com/es/

Anwaltskanzlei Jakob

Ihr Partner für nationales und internationales Handels-, Wirtschafts- und Transportrecht

Als Anwaltskanzlei für nationales und internationales Handels-, Wirtschafts- und Transportrecht sind wir kompetenter Ansprechpartner für den Bereich des Warenhandels, Exports/Imports, des Vertriebs, der Logistik und des Gütertransports. Mit unserem Lateinamerika Desk beraten und vertreten wir Unternehmen (auch auf Spanisch), die insbesondere in Lateinamerika Geschäftsbeziehungen aufbauen oder bereits unterhalten.

Zu unseren Kompetenzen gehören insbesondere folgende Rechtsgebiete:

- Internationales Kaufrecht, Incoterms2010,
- Vertriebsrecht,
- (Außen-) Handelsrecht,
- Transport- und Speditionsrecht,
- Zollrecht,
- Internationales Privat- und Prozessrecht.

Wir gestalten und überprüfen für Unternehmen insbesondere Kauf- und Lieferverträge, (Vertrags-) Händlerverträge, Handelsvertreterverträge, Frachtverträge, Speditionsverträge sowie weitere besondere Vertragstypen. Wir beraten und unterstützen Ihr Unternehmen beim Aufbau deutsch-lateinamerikanischer Geschäftsbeziehungen sowie bei der Vertragsdurchführung und vertreten Ihr Unternehmen aus dem In- und Ausland vor den Zivil- und Schiedsgerichten.

Hinweis: Unsere Kanzlei zieht zum 01.02.2017 um.
Die neue Kanzleiadresse lautet dann:
Hopfengartenweg 6, D-90451 Nürnberg
Für weitere Informationen wird auf unsere Webseite verwiesen:
www.anwaltskanzlei-jakob.com

Exportación e importación de mercancías hacia y desde la UE

Resumen jurídico

Edith Inés Jakob

¿Qué Derecho se aplica a las operaciones de compraventa y suministro?

La base jurídica de cada operación de compraventa y suministro es el contrato de compraventa internacional. Las normas aplicables a éste son las de la Convención de las Naciones Unidas a contratos de compraventa de mercancías (excluidas las de uso personal) también entre empresas peruanas y alemanas. Por otra parte es posible excluir la aplicabilidad del derecho de compraventa convenida por la ONU. Esto quiere decir que se puede aplicar un derecho nacional. En este caso, siempre que un juzgado alemán sea competente y que no se haya acordado algo diferente, será aplicable el derecho del país en el cual el vendedor posee su domicilio legal (REGLAMENTO (CE) N° 593/2008). Sin embargo, no parece razonable excluir la aplicabilidad del derecho de compraventa regulada por la ONU. Existen buenos motivos para no excluirlo. Este derecho presenta en parte ventajas, y las desventajas pueden ser significativamente contrarrestadas para ambas partes mediante cláusulas del contrato convenientemente elaboradas.

¿Qué tribunales son competentes?

Al entablar una demanda ante un tribunal alemán, éste comprobará primeramente si tiene competencia internacional. En general una demanda contra una persona (jurídica) debe ser entablada ante el juzgado del domicilio legal del demandado, según el código de procedimiento civil de Alemania ("Zivilprozessordnung – ZPO). Alternativamente es posible entablar una demanda ante el juzgado del lugar de cumplimiento del contrato. Por lo tanto es decisivo en qué lugar debe ser entregada la mercancía al comprador o transportista. La Convención de las Naciones Unidas sobre los Contratos de Compraventa Internacional de Mercaderías establece diferentes posibles lugares de entrega como también lo hacen los Incoterms2010 (p.ej. CIP o FOB). Esto significa que según el lugar de entrega acordado, o no, en el contrato, la competencia internacional puede ser la de un tribunal alemán, peruano o incluso de un tribunal en otro país. Este caso pone de manifiesto la compleja interacción entre las diferentes reglamentaciones. De la aplicabilidad internacional de Incoterms2010 depende, además del lugar de la entrega de mercancías, también quién debe procurar licencias y autorizaciones, quién debe negociar contratos de transporte y de seguro, quién corre con el riesgo de pérdida o daños de la mercancía durante el transporte, quién corre con los gastos de inspección, embalaje y etiquetado etc. Más allá de esto, puede resultar especialmente caro que el tribunal competente (ya sea

Import und Export von Waren nach bzw. aus Peru

Eine juristische Kurzdarstellung

Edith Inés Jakob

Nach welchem Recht richtet sich das Kauf- und Liefergeschäft?

Juristische Grundlage des einzelnen Kauf- und Liefergeschäfts ist der internationale Kaufvertrag. Dieser richtet sich nach den Regeln des UN-Kaufrechts (Übereinkommen der Vereinten Nationen über Verträge über den internationalen Warenkauf). Das UN-Kaufrecht gilt für Kaufverträge über Waren (nicht für den persönlichen Gebrauch) auch zwischen deutschen und peruanischen Unternehmen. Es ist möglich, die Anwendbarkeit des UN-Kaufrechts auszuschließen. Die Folge ist, dass ein nationales Recht – sofern ein deutsches Gericht zuständig und nichts Abweichendes vereinbart ist, das Recht in welchem der Verkäufer seinen Sitz hat (Verordnung (EG) Nr. 593/2008) – Anwendung findet. Ob es sinnvoll ist, die Anwendbarkeit des UN-Kaufrechts auszuschließen, ist jedoch fraglich. Es gibt gute Gründe dafür, das UN-Kaufrecht nicht auszuschließen. Es bietet teilweise Vorteile. Die Nachteile lassen sich für beide Vertragsparteien mit Hilfe gut ausgearbeiteter Vertragsklauseln deutlich eindämmen.

Welche Gerichte sind zuständig?

Wird eine Klage vor einem deutschen Gericht anhängig gemacht, prüft dieses zunächst, ob es international zuständig ist. Grundsätzlich sind nach der Zivilprozessordnung (ZPO) Klagen gegen eine (juristische) Person am Gericht des (Wohn-) Sitzes anhängig zu machen. Alternativ dazu kann auch am Gericht des Erfüllungsortes geklagt werden. Es kommt daher darauf an, wo die Ware an den Käufer oder Beförderer übergeben werden soll. Sowohl unmittelbar aus dem UN-Kaufrecht als auch aus den international anwendbaren Incoterms2010 (z. B. CIP oder FOB), können sich unterschiedliche Lieferorte ergeben. Das bedeutet, dass es je nach Vereinbarung bzw. mangels Vereinbarung des Lieferortes zur Zuständigkeit eines deutschen, peruanischen oder sogar eines Gerichts eines anderen Staates kommen kann. An dieser Stelle wird das komplizierte Zusammenwirken verschiedener Regelungswerke sichtbar. Aus den Incoterms2010 ergibt sich neben dem Lieferort auch, wer Lizenzen und Genehmigungen zu beschaffen hat, Beförderungs- und Versicherungsverträge abzuschließen hat, wer die Gefahr für Verlust oder Beschädigung der Ware trägt, wer die Kosten für Prüfung, Verpackung und Kennzeichnung trägt etc. Darüber hinaus kann es besonders teuer werden, wenn zuständiges Gericht und (gesetzlich oder vertraglich) anzuwendendes Recht auseinanderfallen. Zur Vermeidung von Unabwägbarkeiten ist oftmals die Vereinbarung eines Schiedsgerichts designado por ley o por contrato) y el derecho aplicable sean divergentes. Para evitar incertidumbres jurídicas es recomendable la designación de un tribunal arbitral, ya que los tribunales peruanos tienden a aplicar muy poco el derecho de compraventa de la ONU. Teniendo en cuenta todo lo mencionado, resulta conveniente una configuración profesional de las condiciones de contratos de compraventa y suministro en el ámbito internacional.

¿Qué posibilidades existen de asegurar un derecho de pago del vendedor?
El vendedor tiene diferentes posibilidades de asegurar su derecho de pago. El instrumento más conocido para la liquidación de pago es el crédito documentario (ICC Uniform Customs and Practice for Documentary Credits (UCP 600)). En este caso el comprador solicita a su banco la apertura de un crédito documentario. El banco se compromete a realizar el pago de una suma fija (precio de compraventa) a favor del vendedor en el momento de que éste le presente documentos claramente especificados (p.ej. documentos de transporte, cartas de porte, conocimientos de embarque, facturas comerciales, certificados de origen, etc.). En el caso de que el contrato de compraventa contenga una cláusula Incoterms2010, los documentos que deben presentarse ante el banco emanan de dicha cláusula. La cláusula de apertura de crédito documentario debe ser incorporada al contrato de compraventa.

¿Qué responsabilidad asume la agencia de transporte o el transportista en el caso de pérdida o daño de mercancía?
El transporte de mercancía hacia o desde el Perú es normalmente un transporte multimodal. En caso de la aplicabilidad del derecho alemán, es decisivo si se conoce el lugar donde ocurrió el daño. Si el lugar del daño es desconocido se aplicará el derecho general de transporte de carga, consecuentemente el transportista (la agencia de transporte o el porteador que transporta a un precio convenido) también responde aunque no sea imputable de culpa (responsabilidad de custodia). Si el lugar donde se produjo el daño es por el contrario conocido y se sitúa en un trayecto marítimo, el transportista responde solo en caso de dolo o negligencia. De tratarse de mercancía de mucho valor será recomendable tomar medidas preventivas contractuales. De no ser así se aplicarían las sumas máximas establecidas por la ley a pagar en caso de daño o perdida.

¿Qué se debe observar en materia de Derecho aduanero?
El Tratado de Libre Comercio entre la Unión Europea y Perú, así como con Colombia, se aplica provisionalmente desde el 1 de marzo del 2013 aunque solo entrará en vigor cuando todos los miembros de la Unión Europea lo hayan ratificado. Mediante este tratado se espera reducir las restricciones y limitaciones comerciales. Aparte de las mercancías ya anteriormente exentas de aranceles, los aranceles para otras mercancías han sido eliminados y otros serán reducidos paulatinamente a largo plazo.

Inés Jakob, abogada

empfehlenswert, zumal peruanische Gerichte das UN-Kaufrecht tendenziell seltener anwenden. Unter all den vorgenannten Gesichtspunkten, erscheint eine fachmännische Vertragsgestaltung internationaler Kauf- und Lieferverträge empfehlenswert.

Gibt es Möglichkeiten, meinen Zahlungsanspruch zu sichern?
Es gibt verschiedenen Möglichkeiten für den Verkäufer seine Zahlungsansprüche zu sichern. Das bekannteste Instrument zur Zahlungsabwicklung ist das Dokumentenakkreditiv (ICC Einheitliche Richtlinien und Gebräuche für Dokumenten-Akkreditive (ERA 600)). Dabei erteilt der Käufer seiner Bank den Auftrag, ein Akkreditiv zu eröffnen. Die eröffnende Bank verspricht dem Verkäufer gegen Vorlage genau bezeichneter Dokumente (z. B. Transportdokumente, Frachtbriefe, Konnossemente, Handelsrechnungen, Ursprungszeugnisse etc.) die Zahlung einer bestimmten Summe (Kaufpreissumme) vorzunehmen. Ist eine Incotermklausel in den Kaufvertrag einbezogen worden, ergibt sich meist schon daraus, welche Dokumente vorzulegen sind. In den Kaufvertrag ist eine Akkreditivklausel aufzunehmen.

Wie haftet der Transportunternehmer bzw. Spediteur bei Warenverlust oder Beschädigung?
Beim Transport von Waren nach oder aus Peru wird es sich um einen Multimodaltransport handeln. Im Fall der Anwendbarkeit deutschen Rechts ist entscheidend, ob bekannt ist, wo der Schaden eingetreten ist. Ist der Schadensort unbekannt, ist das allgemeine Frachtrecht anzuwenden mit der Folge, dass der Frachtführer (Transportunternehmer oder Fixkostenspediteur) auch dann haftet, wenn ihn kein Verschulden trifft (sog. Obhutshaftung). Ist der Schadensort dagegen bekannt und liegt dieser auf einer Seestrecke, dann haftet der Frachtführer dagegen nur bei Vorsatz und Fahrlässigkeit. Handelt es sich um besonders wertvolle Ware, sollten entsprechende vertragliche Vorkehrungen getroffen werden, da ansonsten ggf. gesetzliche Höchsthaftungssummen greifen.

Was ist zollrechtlich zu beachten?
Das Freihandelsabkommen zwischen der EU und Peru sowie Kolumbien wird seit dem 1. März 2013 vorläufig angewandt. Es tritt endgültig in Kraft, wenn alle EU-Mitgliedsstaaten das Abkommen ratifiziert haben. Durch dieses sollen Handelshemmnisse und sonstige Beschränkungen im Handel mit Waren abgebaut werden. Neben Waren, die schon vorher zollfrei waren, wurden für eine Vielzahl anderer Waren die Einfuhrzölle auf null reduziert und für andere gelten langjährige Zollabbauregelungen.

Rechtsanwältin Inés Jakob

Anwaltskanzlei Jakob
Ostendstrasse 159/II
D-90482 Nürnberg
Fon: +49 (0)911 95 05 87 07
Email: info@anwaltskanzlei-jakob.com
Web: www.anwaltskanzlei-jakob.com

Jakob
Anwaltskanzlei

Energías renovables en Perú

Entrevista a Dirk Volkmann, experto en el campo de las energías renovables en Perú

CCP: *Sr. Volkmann, tan solo en el período 2015/2016 han entrado en funcionamiento varias plantas de energía renovable en Perú. ¿Nos puede decir en qué medida participan en Perú las pymes alemanas, tan potentes en este sector?*

DV: Lamentablemente muy poco. Alemania sin duda impulsó enormemente el desarrollo de las energías renovables a partir de 1990 con su marco regulatorio (inicialmente con la ley de alimentación de la red de energía y a partir del año 2000 con la ley de energías renovables). Sin embargo, el declive del mercado alemán debido a una política errónea ha dado lugar desde alrededor de 2011 a un proceso de contracción y de salida de muchos competidores en todas las áreas (fotovoltaica, eólica y biogás). Hoy en día la mayoría de estas empresas carece de la fortaleza o del dinero necesario para operar exitosamente en el extranjero en vista de los plazos de ejecución previstos.

CCP: *En 2015 se licitó en Perú la construcción de pequeñas centrales hidroeléctricas de hasta 20 megavatios. ¿Ha logrado usted interesar y apoyar a pymes alemanas para que participen en esta licitación?*

DV: En Perú se contrata generalmente a desarrolladores locales, los cuales a partir de un cierto estadio de desarrollo del proyecto – el denominado "Ready To Build" – venden los derechos del proyecto a empresas constructoras que son las que realmente construyen. Las consultoras alemanas son especialmente activas en Perú en materia de estudios de viabilidad técnica. Pero por lo demás hay muy pocas pequeñas y medianas empresas alemanas activas en Perú.

CCP: *Las licitaciones abarcan también proyectos de centrales fotovoltaicas ¿Qué pymes alemanas participan allí?*

DV: En Europa, el mercado español se deterioró antes que el mercado alemán, porque el Gobierno español redujo con carácter retroactivo las tarifas reguladas para el suministro a la red. Muchos desarrolladores españoles, en vista de la escasez de nuevos proyectos, se orientaron a América Latina, especialmente a Chile pero también a Perú. Los españoles tienen aquí la facilidad del idioma. Algunas pymes alemanas están presentes en Perú y son muy activas en el marco de licitaciones, pero hasta ahora no con mucho éxito. El mercado peruano es algo diferente, pero estoy seguro de que en el futuro también los desarrolladores alemanes lograrán establecerse.

CCP: *En vista del fuerte sector agrícola en Perú, la generación de electricidad a partir de madera y biomasa es un área interesante de inversión para pymes alemanas. ¿Cómo pueden apoyarlas en la adjudicación de licencias?*

Erneuerbare Energien in Peru

Interview mit Dirk Volkmann, Experte für den Bereich Erneuerbarer Energien in Peru

CCP: *Herr Volkmann, in Peru sind allein in der Periode 2015/2016 mehrere neue Anlagen für Erneuerbare Energien in Betrieb genommen worden. Können Sie sagen, in welchem Grade deutsche Mittelständler – sehr stark in diesem Bereich – in Peru bereits etabliert sind?*

DV: Leider viel zu wenige. Wir haben die weltweite Entwicklung der Erneuerbaren Energien mit unserer Gesetzgebung in Deutschland seit dem Jahre 1990 (zunächst Stromeinspeisegesetz, ab 2000 Erneuerbare Energien Gesetz) sicherlich angestoßen und entscheidend beeinflusst, aber der Niedergang des deutschen Marktes – bedingt durch eine verfehlte Politik – hat in allen Bereichen (PV, Wind und Biogas) zu einem Schrumpfungsprozess und einem Ausscheiden von vielen Marktteilnehmern beginnend seit ca. 2011 geführt. Den meisten fehlt heute die Kraft bzw. das Geld, im Ausland mit entsprechenden Vorlaufzeiten erfolgreich zu arbeiten.

CCP: *In 2015 wurde in Peru der Bau von kleinen Wasserkraftwerken bis zu 20 Megawatt ausgeschrieben. Konnten Sie deutsche KMU für die Teilnahme an dieser Ausschreibung aktivieren und beraten?*

DV: Hier sind zumeist lokale Projektentwickler engagiert, die ab einem gewissen Projektentwicklungszeitpunkt – sogenannte Ready To Build – diese Projekterechte an Baufirmen oder Betreiber verkaufen, die dann tatsächlich bauen. In Peru sind deutsche Consulting-Unternehmen vertreten, die insbesondere im Bereich der technischen Machbarkeit tätig sind. Deutsche KMU sind wenig bis gar nicht vertreten.

CCP: *Die Ausschreibungen beinhalteten auch Projekte von Solaranlagen. Welche deutschen KMU sind dabei?*

DV: In Europa ist der spanische Markt bereits vor dem deutschen Markt gekippt, weil die spanische Regierung damals retroaktiv die Einspeisevergütungen gekürzt hatte. Viele spanische Projektentwickler sind daher in Ermangelung weiterer Projekte nach Lateinamerika gegangen, vorwiegend nach Chile, aber auch nach Peru. Schon aufgrund der Sprache hatten die es etwas leichter. Einige deutsche KMU sind in Peru vertreten und im Rahmen der Ausschreibungen auch aktiv, jedoch bisher nicht sehr erfolgreich. Der peruanische Markt läuft etwas anders, ich bin jedoch zuversichtlich, dass es in Zukunft auch deutsche Entwickler schaffen werden.

CCP: *Stromerzeugung aus Holz und Biomasse ist aufgrund starker Landwirtschaft in Peru ein interessanter Investmentbereich für deutsche KMU. Wie können Sie helfen, dass sie bei der Lizenzvergabe berücksichtigt werden?*

DV: Seit Jahren bemühen sich deutsche Unternehmen aus diesem Bereich um Aufträge in Peru. Viele sind bereits in Peru über Repräsentanzen vertreten. Angesichts der nied-

DV: Desde hace años las empresas alemanas se esfuerzan por captar encargos en Perú y muchos ya han abierto oficinas de representación. Debido a los bajos precios de la energía por parte de CAMISEA y de las muchas grandes y medianas centrales hidroeléctricas existentes, Perú es un país muy rico en energía y las inversiones en biomasa por lo general no son rentables. La reducción de la producción de residuos – algo que en Alemania habitualmente ya se incluye en el plan de financiación – en Perú no está tan desarrollada como en Europa. Por eso los logros de proveedores alemanes no se verán hasta dentro de algunos años. Debido al cambio climático, que afecta también a Perú, las zonas de precipitaciones se están desplazando, de modo que la energía hidroeléctrica ya no genera electricidad de forma tan fiable como se esperaba. El gas de CAMISEA se vende actualmente a precios subvencionados, es decir, por debajo del precio del mercado mundial, pero eso cambiará (y tendrá que cambiar) en el futuro. Los combustibles fósiles pierden atractivo en la medida que tomemos en serio las metas acordadas para el cambio climático y queramos alcanzarlas realmente.

CCP: *¿Qué área en Perú tiene a su juicio el mayor atractivo en el campo de energías renovables?*

DV: Claramente en el área de la minería. Perú es uno de los países mineros más interesantes del mundo y cuenta con algunos de los yacimientos más grandes de materiales metálicos y no metálicos a escala mundial. Hay pocos elementos de la tabla periódica que no se encuentren en Perú. Todas las corporaciones mineras más grandes del mundo, desde Anglo-American, Alcoa y BHP Billiton hasta Xstrata, tienen importantes inversiones en Perú, la cartera total estimada de inversiones en la industria minera asciende a más de 55 mil millones de dólares. Muchas grandes empresas mineras reciben suministros de electricidad de sus propias plantas hidroeléctricas o están conectados a la red del Sistema Eléctrico Interconectado Nacional (SEIN). Las empresas mineras más pequeñas deben abastecerse en parte de energía de plantas propias de energía diésel, las cuales se complementan muy bien con sistemas fotovoltaicos. La operación de generadores diésel en tierras altas es costoso debido al alto costo de transporte del combustible; por eso, los sistemas híbridos (combinación de generadores diésel con energía fotovoltaica) permiten disminuir de forma considerable el precio medio del kWh. La energía solar por sí sola no sería suficiente, puesto que las minas son operadas día y noche. Por eso la seguridad de suministro es un criterio importante.

CCP: *Señor Volkmann, muchas gracias por sus interesantes comentarios.*

Spanisch: Claudio Blasco (Blasco Traducciones)

VOLKMANN CONSULT
CORPORATE ADVISORS

rigen Energiepreise, durch CAMISEA und viele große und mittelgroße Wasserkraftwerke, ist Peru ein sehr energiereiches Land. Daher sind Investments im Bereich Biomasse meist nicht wirtschaftlich und die Abfallvermeidung – was bei uns üblicherweise Teil des Finanzierungskonzeptes ist – ist noch nicht so weit entwickelt wie in Europa. Daher werden wir entsprechende Erfolge von deutschen Lieferanten erst in einigen Jahren sehen. Durch den Klimawandel, auch Peru ist hiervon betroffen, verschieben sich Niederschlagszonen, sodass die Wasserkraft nicht mehr so zuverlässig Strom liefert, wie einmal geplant wurde. Das Gas von CAMISEA wird derzeit zu subventionierten Preisen, also unterhalb des Weltmarktpreises, verkauft. Auch das wird sich in Zukunft ändern (müssen). Fossile Brennstoffe verlieren an Attraktivität, wenn wir die vereinbarten Klimaziele ernst nehmen und erreichen wollen.

CCP: *Welcher Bereich in Peru hat für Sie im Bereich der Erneuerbaren Energien die höchste Attraktivität?*

DV: Ganz deutlich der Bereich Bergbau. Peru ist eines der interessantesten Bergbauländer der Welt, mit einigen der weltweit größten Lagerstätten von metallischen und nichtmetallischen Rohstoffen. Es gibt wenige Elemente des Periodensystems, die in Peru nicht vorkommen. Alle großen Bergbaukonzerne der Welt von Anglo-American, Alcoa über BHP Billiton bis Xstrata sind in Peru investiert, die geschätzten Kapitalanlagen im Bergbau betragen mehr als 55 Mrd. US-Dollar. Viele große Minenbetriebe werden von eigenen Wasserkraftwerken mit Strom versorgt oder sind am nationalen Übertragungsnetz (SEIN) angeschlossen. Kleinere Minenbetriebe müssen teilweise über eigene Dieselkraftwerke versorgt werden, die sich hervorragend mit Photovoltaik-Anlagen ergänzen ließen, da der Betrieb von Dieselgeneratoren im Hochland durch die Transportkosten des Diesels sehr teuer ist und Hybrid-Systeme (eine Kombination von Diesel-Generatoren mit Photovoltaikanlagen) zu einer spürbaren Senkung des durchschnittlichen kWh-Preises führen. Solar allein würde nicht reichen, da die Minen rund um die Uhr betrieben werden, Versorgungssicherheit ist daher ein wichtiges Kriterium.

CCP: *Vielen Dank, Herr Volkmann, für Ihre interessanten Statements.*

Volkmann Consult – Corporate Advisors
Joachimstrasse 53
D-40547 Düsseldorf
Fon: +49 (0)211 17 18 43 02
Email: info@volkmann-consult.de
Web: www.volkmann-consult.de

VOLKMANN CONSULT
CORPORATE ADVISORS

omnivisionFilm, omnivisionTv

omnivisionFilm es una productora audiovisual con corazón peruano en Alemania. El nombre omnivision se refiere a una visión global pero a la vez individual para cada nueva realización dentro del proceso de creación y diseño.

Uno de nuestros proyectos es omnivisionTv, un canal online, que transmite diferentes aspectos culturales de otros países aquí en Alemania, tomando como punto de partida el tema *integración.*

En este proyecto integral queremos desarrollar lo siguiente:

Cámara al día | Un noticiero multicultural donde presentamos por ejemplo qué hacen los peruanos en Alemania y como ven los alemanes el Perú.

Protagonistas en la historia Universal | Una serie de documentales donde se muestran las experiencias de peruanos que hicieron algo importante, pero son poco conocidos en los libros de Historia.

Cumbia Royal | Promoción de la cumbia peruana y sus fusiones en Europa.

Tan peruano como | Reportajes cortos, contando experiencias de alemanes que hacen algo como si fuesen peruanos.

omnivisionFilm | Servicios en videos publicitarias, documentales, videos promocionales y grabación de vídeo de eventos culturales. También ofrecemos el servicio de grabación de voz, subtitulado, servicios de agencia alemana-peruana y edición de vídeo.

Te invitamos a visitar una de nuestras plataformas en línea y conocer de cerca nuestro trabajo.

omnivisionFilm – una visión global que hará que te muestres al mundo.

Nuestra página web: **omnivisionfilm.com**
youTube | vimeo | Facebook | Twitter
Siempre con el mismo logo **omnivisionTv**

omnivisionFilm, omnivisionTv

omnivisionFilm ist ein audiovisuelles Produktionsunternehmen mit peruanischem Herzen in Deutschland. Der Name *omnivision* steht für den ganzheitlichen, individuellen Blick für jede neue Realisierung, im Prozess der Erstellung und der Konzeption.

Eines der Projekte ist *omnivisionTv*, ein Online-Kanal, über den unterschiedliche kulturelle Aspekte anderer Länder hier in Deutschland ausgestrahlt werden. Das zentrale Thema ist die Integration.

In diesem umfassenden Projekt wollen wir folgendes entwickeln:

Kamera Aktuell | Multikulturelle Nachrichten darüber, was Peruaner in Deutschland bewegt und wie die Deutschen Peru wahrnehmen.

Geschichte Protagonisten | Eine Reihe von Dokumentationen über Peruaner, die Wichtiges in der Geschichte geleistet haben, allerdings bis jetzt nicht so bekannt sind.

Royal Cumbia | Förderung des peruanischen Cumbia(-Musikstils) und dessen Fusionen in Europa.

Echte Peruaner | Kurzgeschichten über Deutsche, die von ihren Tätigkeiten erzählen, die wie die von Peruanern sind.

omnivisionFilm | Dienstleistungen im Bereich Werbefilme, Reportagen, Promotionvideos und Videoaufzeichnung von kulturellen Veranstaltungen. Weitere Services: Stimmaufnahme, Untertitelung, deutsch-peruanische Vermittlungsleistungen und Videobearbeitung.

Wir laden Sie ein, unsere online Plattformen zu besuchen und sich selbst ein Bild von unserer Arbeit zu machen.

omnivisionFilm – eine globale Vision, die Dir die Welt näher bringt.

Unsere Website: **omnivisionfilm.com**
youTube | Vimeo | Facebook | Twitter
mit dem Namen **omnivisionTv**

Informationsstelle Peru e. V.
Red Solidaridad Alemania-Perú

¿Quiénes somos?

La Asociación Red Solidaridad Alemania-Perú fue fundada en 1989, en gran parte por grupos de solidaridad con el Perú activos en Alemania. Para la gente en el Perú, que trabaja como voluntarios o estudiantes en el ámbito de la Cooperación para el Desarrollo, somos aliados y punto de contacto muy importante. Nuestra oficina está en la ciudad de Friburgo, Alemania.

Nuestros principios y objetivos

- Queremos promover el desarrollo humano, la justicia social y el desarrollo sostenible en el Perú y en Alemania.
- Una auténtica práctica de cooperación es para nosotros trabajar no „para" sino „con" las organizaciones cooperantes en el Perú y priorizando el diálogo. Por ejemplo, en campañas de información y en el trabajo de lobby.
- Tiene prioridad los procesos participativos y la democratización, el desarrollo regional y descentralizado y el respeto de los derechos humanos económicos, sociales y culturales.
- Promovemos el intercambio y el aprendizaje mutuo con la meta de lograr una sociedad civil solidaria y globalmente comunicada.

Cooperamos y coordinamos el trabajo

En el Perú, con los discriminados sociales en general (pobres, indígenas, mujeres...) y sus organizaciones de base, con las organizaciones que trabajan para promover el desarrollo democrático y sostenible con justicia social (organizaciones no gubernamentales, asociaciones de base y actores eclesiásticos progresistas).

En Alemania, con personas, grupos y organizaciones que trabajan activamente por un mundo más humano, especialmente en el Perú, pero también en Alemania y en Europa. Cooperamos con organizaciones que trabajan solidariamente para el Perú, con responsables de la Cooperación para el Desarrollo estatal y no estatal, y con organizaciones de la Iglesia e instituciones de ayuda.

A nivel europeo, con la PEP (Plataforma Europa-Peru), cuyos temas de trabajo son los Derechos Humanos y los problemas mineros.

Informamos, educamos, difundimos en Red.

Informationsstelle Peru e. V.
Postfach 1014
D-79010 Freiburg
Fon: +49 (0)761 70 70 840
Email: merk@infostelle-peru.de
Web: www.infostelle-peru.de

informationsstelle perú e.v.

Informationsstelle Peru e. V.
Red Solidaridad Alemania-Perú

Wer sind wir?
Die *Informationsstelle Peru e. V.* wurde 1989 von einem Großteil der in Deutschland tätigen Peru-Solidaritätsgruppen gegründet. Für Menschen, die in Peru als Freiwillige, als Studierende oder im Rahmen der Entwicklungszusammenarbeit tätig waren, sind wir zu einem wichtigen Ansprechpartner geworden. Unsere Geschäftsstelle ist in Freiburg i. Br.

Unsere strategischen Kernanliegen
- Wir wollen eine menschliche, sozial gerechte und nachhaltige Entwicklung in Peru und bei uns fördern.
- Echte Partnerschaft zu praktizieren bedeutet für uns: Nicht „für", sondern „mit" den Partnerorganisationen in Peru und in Absprache mit ihnen arbeiten, z. B. in Informations-, Kampagnen- und Lobbyarbeit.
- Vorrang haben partizipative Prozesse und Demokratisierung, dezentrale und regionale Entwicklung, Umsetzung wirtschaftlicher, sozialer und kultureller Menschenrechte.
- Wir fördern Austausch und Lernen in beiden Richtungen mit dem Ziel einer globalvernetzten und solidarischen Zivilgesellschaft.

Wir kooperieren und koordinieren
In Peru: mit sozial Benachteiligten im weiten Sinn (Arme, Indigene, Frauen…) und ihren Organisationen, mit Organisationen, die aktiv sind im Sinne der Förderung einer sozial gerechten, nachhaltigen und demokratischen Entwicklung (Nichtregierungsorganisationen, Basisverbände, fortschrittliche kirchliche Akteure).

In Deutschland: mit engagierten Personen, Gruppen und Organisationen, die sich für eine menschlichere Welt, speziell in Peru und hier in Deutschland und Europa engagieren, mit Organisationen, die speziell mit Peru engagiert sind, mit der staatlichen und nichtstaatlichen Entwicklungszusammenarbeit, mit kirchlichen Organisationen und Hilfswerken.

Auf europäischer Ebene kooperieren wir mit der PEP (Plataforma Europa-Peru), deren Arbeitsschwerpunkte Menschenrechte und die Bergbauprobleme sind.

Wir informieren, bilden, vernetzen.

Informationsstelle Peru e. V.
Postfach 1014
D-79010 Freiburg
Fon: +49 (0)761 70 70 840
Email: merk@infostelle-peru.de
Web: www.infostelle-peru.de

Wir informieren, bilden, vernetzen

Sie können unsere Seminare und Veranstaltungen besuchen, Ausstellungen ausleihen, kostenlos unseren Newsletter zu Peru abonnieren, sich an Kampagnen und Aktionen beteiligen. Sie können über die Infostelle Peru erfahren, wann Gäste aus Peru als GesprächspartnerInnen zur Verfügung stehen oder welche Peru-Initiative es in Ihrer Region gibt. Sie können Infomaterial zu vielen Themen Perus erhalten. Die Infostelle Peru ist gern Ihre erste Anlaufstelle – außer bei Fragen, die ins Reisebüro gehören.

Nosotros informamos, educamos, difundimos en Red

Puede visitar nuestros seminarios y actos culturales, pedir a préstamo exposiciones y muestras, suscribir sin costo alguno nuestro boletín de Perú o participar en campañas y acciones. Puede informarse por medio de la Red Solidaridad Alemania-Perú de las posibilidades de contacto personal con invitados de Perú o de las iniciativas de Perú en su región. Puede recibir materiales de información sobre los diferentes temas del Perú. La Red Solidaridad Alemania-Perú con mucho gusto le atenderá, salvo que se trata de temas turísticos.

Informationsstelle Peru e. V.
Postfach 1014
D-79010 Freiburg
Fon: +49 (0)761 70 70 840
Email: merk@infostelle-peru.de
Web: www.infostelle-peru.de

informationsstelle perú e.v.

Sprachservices/Servicios lingüísticos

Weitere Firmen Consulting & Services

Otras empresas de asesoramiento y servicios

IHK Pfalz, Ludwigshafen
https://www.pfalz.ihk24.de/international/Kompetenzzentrum_Lateinamerika_channel/Peru

Lateinamerikaverein e. V.
https://www.lateinamerikaverein.de

Ehrsam Peru-Consult
http://peruconsult.de/

PerúVision
www.peru-vision.com/de/
www.peru-vision.de

LatinStudio
http://www.latinstudio.de/

bejulo GmbH
http://www.bejulo.com

energiewaechter GmbH
http://www.energiewaechter.de/

Carmen Azabache Chero de Breiderhoff, LL.M.
Abogada
http://www.interkanzlei-lateinamerika.de/

Beatriz Huayta García
Abogada
www.peruanische-kanzlei.de

Teil 2.3

Reisebüros

Parte 2.3

Agencias de viajes

Reisebüro CONO SUR

Unsere Leidenschaft ist Peru und Lateinamerika, unser Ziel ist das beste Preis-Leistungs-Verhältnis und die perfekte Route zu finden. Unsere größte Freude sind glückliche Kunden. Dafür arbeiten wir mit Herz und Sinn Herz und Sinn seit mehr als 20 Jahren. Nehmen Sie sich Zeit und entdecken Sie mit uns Peru und ganz Lateinamerika nach Ihrem Geschmack. **Zusammen finden wir die Reise, die zu Ihnen passt !**

Agencia de Viaje CONO SUR

El Perú y Latinoamérica son nuestra pasión. Nuestro objetivo es encontrar la mejor ruta de vuelo al mejor precio. Nuestra mayor alegría son los clientes satisfechos y para lograrlo trabajamos desde hace más de 20 años con mística y con el corazón. Tómese tiempo para descubrir con nosotros el Perú y toda Latinoamérica según su gusto. **¡Juntos encontraremos el viaje de sus sueños!**

Individualreise durch Peru/Viajes individuales por el Perú

Exkursion mit der Gastfamilie/Excursión con la familia anfitriona

KulturKontakt Peru

KulturKontakt Peru ist ein Unternehmen, das sich auf Reisen aller Art nach Peru spezialisiert hat! Wir bieten einerseits individuell organisierte Rundreisen an, andererseits Sprachreisen, Freiwilligendienstaufenthalte sowie Praktika!

Carlos Azurin, der Geschäftsführer von *KulturKontakt Peru*, ist in Cusco geboren, lebt jedoch schon seit vielen Jahren in Deutschland. Die Begeisterung für sein Heimatland hat er dabei nie verloren und teilt diese gerne mit anderen! Deshalb gibt er immer 100 %, um seinen Kunden Peru näher zu bringen!

Das weitere Team besteht aus Deutschen und Peruanern, die sowohl Peru als auch Deutschland kennen und somit die Vorstellungen und Wünsche beider Seiten!

Am wichtigsten ist uns, dass unsere Kunden Peru auf ihrer Reise „wirklich" erleben, das heißt, dass sie die abwechslungsreiche Landschaft und faszinierende Kultur kennen lernen und vor allen Dingen mit den Menschen in Kontakt kommen! Unsere Freiwilligen oder Praktikanten wohnen deshalb häufig in Gastfamilien und unsere Individualreisenden machen auch schon mal einen Familienausflug ins Valle Sagrado mit!

Eine gute Betreuung vor Ort, auch im Vorfeld, ist uns ebenfalls sehr wichtig! So beraten wir unsere Kunden im Vorfeld der Reise ausführlich, beantworten Fragen und helfen bei der Reisevorbereitung weiter! Vor Ort sind wir immer da, falls Fragen oder Probleme auftauchen! Unsere Kunden loben deshalb in ihren Feedbacks und Rückmeldungen oft unsere gute und „familäre" Organisation und Betreuung!

KulturKontakt Peru
Nordstraße 44
D-53111 Bonn
Fon: +49 (0)228 92 97 89 32
Fax: +49 (0)228 92 97 89 32
Email: info@kulturkontakt-peru.de
Web: www.kulturkontakt-peru.de

KulturKontakt
PERU

Freiwilligendienst in der Schule/Servicio de voluntariado en escuelas

Praktikum im Behindertenheim/Práctica en centros para discapacitados

KulturKontakt Peru

KulturKontakt Peru es una empresa especializada en viajes al Perú. Por un lado ofrecemos viajes individuales por todo el Perú, por otro, organizamos voluntariados, prácticas profesionales y viajes de estudios.

Carlos Azurin, administrador general de KulturKontakt Peru, nació en Cusco, Perú, y vive desde hace muchos años en Alemania, pero nunca ha perdido su alegría y entusiasmo por Perú y le gusta compartirlo. Por eso siempre da el 100 % de sí mismo para que sus clientes estén contentos y conozcan el Perú real.

Las personas que trabajan para *KulturKontakt Peru* son alemanes y peruanos que conocen los dos países, los pensamientos y deseos de las dos culturas.

Lo más importante para *KulturKontakt Peru* es que nuestros clientes en su viaje conozcan el Perú verdadero y profundo, esto significa, que conozcan el país con sus diferentes costumbres, sus fascinantes culturas, facilitando sobre todo el contacto entre peruanos y alemanes. Por eso nuestros voluntarios y practicantes viven en casa de familias y nuestros turistas hacen excursiones junto con familias, por ejemplo al Valle Sagrado.

Para nosotros es también importante que nuestros clientes se sientan bien atendidos en Alemania y en Perú. Por eso los clientes de *KulturKontakt Peru* reciben toda la ayuda necesaria antes y durante su viaje al Perú, para que su estadía sea todo un éxito y tenga toda la mejor experiencia.

Si una vez en el Perú nuestros clientes tienen preguntas o problemas, siempre estamos a su lado y les ayudamos. Nuestros clientes quedan siempre satisfechos con Kulturkontakt Peru, porque tenemos un buen servicio y atención al cliente las 24 horas del día.

KulturKontakt Peru
Nordstraße 44
D- 53111 Bonn
Fon: +49 (0)228 92 97 89 32
Fax: +49 (0)228 92 97 89 32
Email: info@kulturkontakt-peru.de
Web: www.kulturkontakt-peru.de

KulturKontakt
PERU

Inside Peru

Inside Peru ofrece prácticas, alojamientos, cursos de español y estadías académicas en el Perú. La oferta se dirige sobre todo a un público internacional y estudiantil, sin embargo esta disponible para todos los interesados. Lo que destaca en el servicio de *Inside Peru* es el acompañamiento individual y personal. Para cada usuario hay un paquete personalizado con precios razonables para la estadía en el Perú. El equipo de *Inside Peru* está formado por expertos competentes de Sudamérica y Perú. El acompañamiento minucioso antes y durante el viaje hace que la aventura de una estadía larga en el país se convierte para los usuarios en una experiencia positiva y relajada.

Inside Peru ofrece una gran cantidad de atractivas prácticas en todo el país y en todos los sectores. Un enfoque está en proyectos sociales y temas como cooperación al desarrollo, medioambiente y educación. De tal modo, *Inside Peru* se ve como un puente de intermediación entre culturas y desea brindar un aporte para el intercambio de ideas y conocimientos entre la población peruana y estudiantes de todo el mundo, y en particular apoyar proyectos valiosos de desarrollo en el país de destino. Además, *Inside Peru* ofrece departamentos amoblados y alojamiento en viviendas compartidas, hogares de familias anfitrionas y casas estudiantiles cuidadosamente seleccionadas. Adicionalmente, el proveedor coopera con acreditadas escuelas de idioma en diferentes ciudades y con universidades peruanas.

Los servicios de asesoramiento y reservas de *Inside Peru* se dirigen a todas las personas que desean vivir y/o trabajar por un tiempo en Perú, aprovechando de la consultoría competente y de la amplia red de contactos del proveedor para prácticas, alojamientos, cursos de español y estudios.

Inside Peru
Reembroden 55
D-22339 Hamburg
Fon: +49 (0)170 74 32 92
Email: nils.schulz@insideperu.com.pe
Web: www.insideperu.com.pe
Facebook, Youtube

Dirección peruana:
Calle Loma Flor 187 – dpto. 201
Prol. Benavides, Santiago de Surco, Lima 33 , Perú

Inside Peru

Inside Peru vermittelt Praktika, Unterkünfte Spanischkurse und Auslandssemester in Peru. Die Angebote richten sich vor allem an ein internationales, studentisches Publikum, stehen jedoch prinzipiell allen Interessierten offen. Das Besondere am Service von *Inside Peru* ist die individuelle, persönliche Betreuung. Für jeden Nutzer gibt es zu fairen Preisen ein passendes, maßgeschneidertes Paket für den Peru-Aufenthalt. Das Team von *Inside Peru* besteht aus erfahrenen Südamerika- und Peru-Kennern. Die eingehende Betreuung vor und während der Reise macht das Abenteuer eines längeren Peru-Aufenthalts für die Nutzer zu einem positiven, entspannten Erlebnis.

Inside Peru bietet landesweit eine große Auswahl an attraktiven Praktika in allen Bereichen. Ein Schwerpunkt liegt dabei auf sozialen Projekten und Themen wie Entwicklungszusammenarbeit, Umwelt und Bildung. So versteht sich *Inside Peru* auch als Kulturvermittler und möchte einen Beitrag zu einem gegenseitigen Austausch zwischen den Menschen in Peru und Studierenden aus aller Welt leisten. Nicht zuletzt möchten wir auch wertvolle Entwicklungsprojekte im Zielland unterstützen. Darüber hinaus bietet *Inside Peru* sorgfältig ausgewählte Wohnungen und Unterkünfte in peruanischen Gastfamilien, WG und Studentenwohnheimen. Nicht zuletzt kooperiert der Anbieter mit angesehenen Sprachschulen in mehreren peruanischen Städten sowie mit peruanischen Universitäten.

Die Beratungs- und Vermittlungsangebote von *Inside Peru* richten sich an alle Menschen, die für längere Zeit in Peru leben und/oder arbeiten möchten und dabei die kompetente Beratung und das weitläufiges Kontaktnetz des Anbieters für Praktika, Unterkünfte, Sprachkurse und Auslandssemester nutzen wollen.

Inside Peru
Reembroden 55
D-22339 Hamburg
Fon: +49 (0)170 74 32 92
Email: nils.schulz@insideperu.com.pe
Web: www.insideperu.com.pe
Facebook, Youtube

Teil 3

Gastronomie

Parte 3

Gastronomía

PLU
4875

Peruanische Gastronomie

Die peruanische Küche ist das Ergebnis von Verschmelzung der kulinarischen Tradition des alten Peru mit spanischer Küche, mit kulinarischen Gewohnheiten der Sklaven von der subsaharischen Atlantikküste, von Gewohnheiten französischer Chefköche, die vor der Revolution in ihrem Land nach Lima flohen und Einwanderern des 19. Jahrhunderts aus dem kantonesischen China, Japan, Italien und anderen europäischen Ländern.
Fundmental typische Bestandteile der peruanischen Küche sind die vielen Sorten von Kartoffeln (über 2500), lila Mais, der nur ein Ökotyp von 50 weiteren ist, und verschiedene Sorten von Chilis – außerhalb der Andenregion meist unbekannt.
Die peruanische Kochkunst entwickelt sich ständig weiter. Seit dem letzten Jahrzehnt des 20. Jahrhunderts macht sich die peruanische Küche außerhalb ihrer Grenzen bekannt. Gekoppelt mit der Vielfalt traditioneller und regionaler Gerichte der Küsten-Küche, der Anden-Küche und der Küche des Dschungels entstand die novoandinische Küche – ein neuer kulinarischer Stil in Peru, zentriert in Lima und Arequipa, motiviert vom Interesse lokaler Gastronomen, die Essgewohnheiten der prähispanischen Vergangenheit neu kreiert wieder aufzunehmen und so viele Zutaten aus der Region zu retten und aufzuwerten.
Peru wurde vier Jahre hinter einander, von 2012 bis 2015, von *World Travel Awards* als *Beste Kulinarische Destination der Welt* ausgezeichnet.

Gastronomía peruana

La cocina peruana es el resultado de la fusión de la tradición culinaria del antiguo Perú con la cocina española, con costumbres traídas por los esclavos de la costa atlántica subsahariana, de usanzas culinarias de chefs franceses que huyeron de la revolución en su país a Lima y de los inmigrantes del siglo XIX de la China cantonesa, de Japón, Italia y otros países europeos.
Ingredientes básicos y típicos de la cocina peruana son las múltiples variedades de papa (más de 2500), el maíz morado, que es solo un ecotipo de 50 otras variedades, y las diferentes variedades de ajíes desconocidas fuera de la región andina.
Las artes culinarias peruanas están en constante evolución. Desde la última década del siglo XX la cocina peruana se popularizó fuera de sus fronteras. Sumada a la variedad de platos tradicionales y regionales como la cocina costeña (marina y criolla), la cocina andina y la cocina de la selva, surgió la cocina novoandina, un nuevo estilo culinario en el Perú, centrado en Lima y Arequipa, motivado por el interés de los gastrónomos locales de retomar costumbres alimenticias del pasado prehispánico para rescatarlas, recreando y revalorizando así muchos los ingredientes autóctonos.
De 2012 a 2105 el Perú fue distinguido cuatro años seguidos con *World Travel Awards* como *Principal Destino Culinario a Nivel Mundial.*

Nach/Según https://es.wikipedia.org/wiki/Gastronomía_del_Perú

Sabor Latino
Restaurant - Cocktailbar

Sabor

Das peruanische Restaurant ***Sabor Latino*** lädt Sie ein, die peruanische Küche in einem original peruanischen Ambiente zu erleben.

Für den Kenner peruanischer Fischgerichte ist *Cebiche de Pescado* zu empfehlen. Dieser in Limettensaft marinierte Fisch und die dazu gereichten Süßkartoffeln sind auch für kulinarische Erstentdecker eine Köstlichkeit. Gleiches gilt für eine Vielzahl anderer Fleisch- und Fischgerichte, die mit Maniok oder Mango- und Koriander-Sauce den Gaumen verwöhnen. Umfangreich ist auch die Liste der peruanischen Getränke, wie Cocktails (*Pisco Sour, Amazonas, Macchu Pisco, Maracuja Sour* u. a.), *Cuzqueña Bier, Cristal Bier, Chicha Morada, Inca Kola,* die der Gast zur Abrundung seines Besuchs genießen kann.

El restaurante ***Sabor Latino*** lo invita a conocer la cocina peruana y a disfrutar de la excelente gastronomía del país andino en un ambiente auténticamente peruano.

www.restaurant-saborlatino.de

Latino

Sie richten einen Empfang, eine Veranstaltung oder einfach nur eine private Party aus?

Feiern Sie in der Hauptstadt des Hochgenusses. Die ganz großen Ereignisse, aber auch die exklusiven Feiern werden gern von uns begleitet. Von der glanzvollen Gala bis zur anspruchsvollen Kongressveranstaltung reicht unsere Erfahrung.
Das Feinste der peruanischen Gastronomie für Ihr Familienfest, Firmenveranstaltungen und für besondere Anlässe. Gern senden wir Ihnen detallierte Information über unsere verschiedenen Catering-Vorschläge aus Peru.

¿Está usted pensando en ofrecer una recepción oficial o quizá una fiesta privada?

¡Realice su celebración con nosotros! Los colaboradores de Sabor Latino ayudamos a preparar grandes acontecimientos y fiestas exclusivas. Tenemos amplia experiencia en la organización de galas y congresos.
Ponemos a su disposición lo más selecto de la gastronomía peruana para su celebración familiar o fiesta de empresa y para todas las ocasiones especiales. Con gusto le enviaremos información detallada sobre nuestras propuestas de catering de cocina peruana.

Restaurant *Sabor Latino*
Badensche Strasse 35
D-10715 Berlin
Fon: +49 (0)30 843 156 00
U-Bahnhof Berliner Strasse U7/U9/
Bus 104

www.restaurant-saborlatino.de

Öffnungszeiten:
Dienstag – Freitag 17:00 – 23:30 Uhr
Samstag 13:00 – 24:00 Uhr
Sonntag 13:00 – 23:00 Uhr
Montags Ruhetag

Ab ca. 10 Personen nach Vorreservierung auch außerhalb der Öffnungszeiten möglich.

Sabor latino – ¿Cómo es?

Entrevista con el Sr. Hugo Víctor Gutiérrez, propietario del restaurante Sabor Latino, en Berlín

CCP: *Sr. Gutiérrez, con el nombre de "Sabor Latino", su restaurante promete ofrecer el sabor de toda América Latina. ¿Qué tienen las cocinas de América Latina en común?*

VHVG: Tienen en común ciertos ingredientes, como el maíz, frejoles, chiles, algunas frutas, etc. Con estos ingredientes se preparan diversos platos, como los tamales que son preparados en todos los países de Latinoamérica, hechos de maíz molido ligeramente aderezado y relleno con carne de cerdo o pollo, envuelto en hojas de plátano. Otro de los platos comunes es el ceviche – pescado crudo o mariscos marinado en jugo de limón con diversos condimentos. Estos platos varían un poco de acuerdo al país donde lo preparen.

CCP: *El territorio del Perú consta de tres regiones geográficas distintas, costa, sierra y selva, y cada una de estas regiones tiene algo específico en su cocina. ¿Cuáles son las peculiaridades culinarias de estas tres regiones?*

VHVG: En la costa del Perú se consume mucho el pescado, además de frutas del mar y diferentes carnes y aves, así como el arroz, las papas, el camote y las yucas. Con estos ingredientes preparamos el *ceviche*, el *ají de gallina*, la *causa rellena*, el *arroz con pato* y otros. En la sierra se come mucho el maíz, la quinua, el chuno, las papas y el queso, con los cuales se preparan la famosa *pachamanca*, el *cuy chactado*, el *rocoto relleno* y las *humitas*. En la selva tenemos los plátanos verdes, la yuca y una variedad inmensa de frutas tropicales, con los que se preparan platos como los *juanes* y el *tacacho*.

Sabor Latino – wie ist das?

Interview mit Victor Hugo Vera Gutierrez, Inhaber des Restaurants Sabor Latino, Berlin

CCP: *Herr Gutierrez, Ihr Restaurant verspricht mit dem Namen „Sabor Latino" den Geschmack ganz Lateinamerikas. Was haben alle lateinamerikanischen Küchen gemeinsam?*

VHVG: Was die lateinamerikanischen Küchen gemeinsam haben, das sind einige Zutaten, wie z. B. Mais, Bohnen, Chilies und Früchte. Mit diesen Zutaten bereitet man verschiedene Gerichte zu, wie die Tamales. Das ist gemahlener Mais, gefüllt mit Fleisch, Garnelen oder Hühnchen. Sie sind in ganz Lateinamerika üblich. *Ceviche* – roher Fisch oder Meeresfrüchte mariniert in Zitronensaft mit verschiedenen Zutaten – ist ebenfalls ein Gericht, das man in ganz Lateinamerika kennt. Je nach Region variiert die Art der Zubereitung.

CCP: *Das Territorium Perus besteht aus drei geografisch sehr unterschiedlichen Regionen: Küste, Gebirge und Regenwald, und jede dieser Regionen hat auch Spezifisches in der Küche. Nennen Sie doch bitte kulinarische Besonderheiten dieser drei Regionen.*

VHVG: An der Küste wird sehr viel Fisch konsumiert, außerdem Meeresfrüchte sowie verschiedenes Fleisch und Geflügel, Reis, (Süß-)Kartoffeln und Maniok. Mit diesen Zutaten werden typische Speisen wie *Ceviche, Ají de Gallina, Causa Rellena, Arroz con Pato* und andere zubereitet. Im Gebirge isst man viel Mais, Quinoa, Chuño (wasserentzogene Kartoffeln), Kartoffeln und Käse. Daraus lassen sich berühmte Gerichte wie *Pachamanca, Cuy Chactado, Rocoto Relleno* und *Humitas* herstellen.

CCP: *¿Ofrece en su restaurante platos de estas tres regiones? ¿Podría mencionarnos uno de cada región y describir cómo es?*

VHVG: En nuestro restaurante ofrecemos de la región de la costa el ceviche, que es la especialidad de la casa y como ya lo mencioné anteriormente es un plato a base de pescado crudo el cual se marina en jugo de limón y con un chile especial *llamado ají limo*. También preparamos ceviche de mariscos y de pulpo. Asimismo tenemos en nuestra carta la *pachamanca* de la región de la sierra, que consiste en diferentes tipos de carne cocinados en una salsa de huacatay – una hierba típica del Perú– con papas, camote, maíz y diversas otras hierbas. De la región de la selva ofrecemos los tostones (frittierte Kochbananen). Otros platos fuertes en nuestro restaurante de estas diferentes regiones serían el *arroz con pato*, el *lomo saltado* y los *anticuchos*, que son pinchos a base de corazón de ternera marinados en *ají colorado* y diversas hierbas.

CCP: *Usted es originario de la región costera del sur, de Arequipa. ¿Cómo se refleja eso en su carta?*

VHVG: En nuestra carta tenemos platos especiales de nuestra región, como el famoso *rocoto relleno* que es un chili en forma de pimiento relleno con carne, el c*hupe de camarones*, que es un caldo con camarones y muchas verduras como maíz, habas, zapallo, papas, y el toque del sabor es dado por el huacatay. También ofrecemos el famoso *adobo srequipeño*, que es la carne de cerdo macerada un día antes en ají colorado, chicha de jora, vinagre y diversos condimentos y hierbas.

CCP: *¿Se pueden encontrar todos los ingredientes para sus artes gastronómicas en Berlín, en la Großmarkthalle, o debe importar muchos ingredientes?*

VHVG: Lamentablemente no todos los ingredientes se encuentran en los supermercados de Berlín. En parte los compramos de importadores nacionales o los importamos directamente de España. Algunas hierbas las cultivamos nosotros mismos, como el *huacatay*, que es imprescindible en la cocina peruana.

CCP: *Muchas gracias, señor Gutiérrez, por esta interesante entrevista.*

Restaurante *Sabor Latino*
Badensche Strasse 35
D-10715 Berlin
Fon: +49 (0)30 84 31 56 00
Web: www.restaurant-saborlatino.de
U-Bahnhof Berliner Strasse U7/U9/Bus 104

Sabor Latino
Restaurant - Cocktailbar

Im Regenwald haben wir die grünen Bananen, das Maniok und viele tropische Früchte, mit denen man Gerichte wie *Juanes* oder *Tacacho* zubereitet.

CCP: *Bieten Sie in Ihrem Restaurant Gerichte aus allen drei dieser Regionen an? Wenn ja, nennen Sie bitte jeweils eins mit Namen und beschreiben Sie, was das ist.*

VHVG: Ja, die Spezialität des Hauses ist das *Ceviche* von der Küste. Wie ich bereits erwähnte, basiert das Gericht auf rohem Fisch oder Meeresfrüchten, die im Zitronensaft mariniert werden. Dazu wird ein spezielles Chili gegeben, das *ají limo*. Wir bereiten auch das *Pachamanca* aus dem Gebirge zu. Es besteht aus verschiedenem Fleisch, gekocht in einer Huacataysoße, ein typisch peruanisches Kraut, und dazu Süß- und gewöhnliche Kartoffeln, Mais und weitere Kräuter. Aus dem Regenwald bieten wir die *Tostones* an; das sind fritierte Kochbananen. Andere herzhafte Speisen wären *Arroz con Pato* (Ente mit Reis), *Lomo Saltado* und *Anticuchos* – Rinderherzstücke mariniert in *aji colorado* (purpurnes Chili) und verschiedene Kräuter.

CCP: *Sie stammen aus der südlichen Küstenregion, aus Arequipa. Wie widerspiegelt sich Ihre Heimat in Ihrer Speisekarte?*

VHVG: In unserer Speisekarte bieten wir viele Gerichte aus unserer Region an, z. B. das bekannte *Rocoto Relleno,* das ist ein Chili in Form einer Paprika mit Fleischfüllung. Außerdem *Chupe de Camarones*, eine Suppe mit Garnelen und viel Gemüse wie Mais, Kartoffeln, Limabohnen, Kürbisstücken und der Geschmack wird abgerundet durch das Huacatay-Kraut. Auch bieten wir das berühmte Gericht *Adobo Arequipeño* an, das ist Schweinefleisch, das einen Tag vor der Zubereitung in *ají* (eine Chilisorte) eingelegt wird.

CCP: *Finden Sie alle Zutaten für Ihre Küchenkünste in Berlin, in der Großmarkthalle oder müssen Sie viele Zutaten importieren?*

VHVG: Leider lassen sich nicht alle Zutaten in Berlin finden. Manches kaufen wir bei Importeuren, viele Zutaten kommen direkt aus Spanien, und letztlich kultivieren wir einige in Berlin selbst, besonders das Kraut *Huacatay* . Es ist unersetzlich in der peruanischen Küche.

CCP: *Vielen Dank, Herr Gutierrez, für das interessante Gespräch.*

Restaurant *Sabor Latino*
Badensche Strasse 35
D-10715 Berlin
Fon: +49 (0)30 84 31 56 00
Web: www.restaurant-saborlatino.de
U-Bahnhof Berliner Strasse U7/U9/Bus 104

Restaurante *Cevichería*, Berlin

La primera *Cevichería* fundada en Alemania te ofrece, entre muchas otras interesantes opciones, el *ceviche* en un ambiente peruano y familiar, en nuestro pequeño restaurante en el corazón de Berlin Kreuzberg. Cuidando los detalles y la identidad peruana te llevaremos en un viaje de sabores por la incomparable variedad de esta cocina única.

El mestizaje de culturas que fueron llegando y creando la especial cocina peruana, como la japonesa, la china, la española y la italiana, sumado a los secretos culinarios de las distintas etnias aborígenes, multiplicaron las formas, sabores y texturas del ceviche en cada región, creando una especialidad diferente según los ajíes, pescados, mariscos y verduras que se encuentran en cada una de ellas, y dando como resultado un sin fin de manjares los cuales disfrutamos hoy en día: ceviches, tiraditos, causas, arroces y pastas.

Nos centramos en una carta pequeña que cambia cada dos semanas. De esta forma te garantizamos ingredientes de primera selección, frescura y una preparación con dedicación de primer nivel para así mostrarte continuamente nuevas variedades de sabores. Empieza tu viaje culinario con un *Pisco Sour* o un *Chilcano de Pisco* al ritmo de la cumbia peruana o de un bolero romántico.

¡La Cevichería es un pedacito de Perú en Berlin Kreuzberg!

Cevichería

Restaurant *Cevicheria*, Berlin

Als erste *Cevicheria* in Deutschland bieten wir in einem kleinen Restaurant im Herzen von Berlin-Kreuzberg das peruanische Fischgericht *Ceviche* an. Mit viel Liebe zum Detail und großem Respekt vor der peruanischen Identität dieser Küche nehmen wir Dich mit auf eine unverwechselbare Geschmacksreise durch die Vielfalt der peruanischen Küche.

Im Zusammenspiel mit der Vermischung unterschiedlicher Kulturen, die nach Peru kamen, wie die japanische, chinesische, spanische und italienische, multiplizierten sich die Formen, Geschmacksrichtungen und Texturen, da man in jeder Region Perus ein bestimmtes Ceviche entwickelte, das sich je nach Region durch die dort spezifischen Chilis, Fischsorten, Meeresfrüchte und Gemüsesorten auszeichnete. So entwickelte sich eine schier endlose Anzahl von Gerichten, unterschiedliche Ceviche-Sorten und Carpaccios, Causas, Reissorten und Pastas.

Unsere kleine Karte wechselt alle zwei Wochen und bietet damit immer wieder neue Einblicke in diese Geschmacksvielfalt. Starte Deine kulinarische Reise mit einem leckeren *Pisco Sour* oder *Chilcano de Pisco* im Rhythmus der peruanischen Cumbia oder eines romantischen Boleros.

Die Cevicheria ist ein kleines Stück Peru in Berlin-Kreuzberg!

Restaurant *Cevicheria*
Dresdener Strasse 120
D-10999 Berlin
Fon: +49 (0)30 55 62 40 38
Email: info@cevicheria-berlin.com
Web: cevicheria-berlin.com
facebook.com/cevicheriaberlin

Cevicheria

Inhaber: Peter Rommel, Jana Daedelow
Geschäftsführung: Jana Daedelow
Chefkoch: Diego Castro

¿Qué es el ceviche?

Para preparar el ceviche clásico se usa en general el pescado de carnes blancas y firmes, que se corta y se cura con jugo de limón. A través de este proceso el pescado se cuece o, más bien, se desnaturaliza. A la marinada de limón se le agregan varios ingredientes como la cebolla, el ají y el culantro, convirtiendo este plato en una experiencia incomparable. En la Cevichería servimos el ceviche con camote y platanitos.

Ceviche de espárragos blancos con camarones marinados, jamón serrano y piñones/ Weißes Spargel-Ceviche mit marinierten Garnelen, Serrano Schinken und Pinienkernen

Ceviche de pepino, manzana y crema de mango/Gurken-Ceviche mit Äpfeln und Mangocrème

Leche de tigre de conchas y pepino con paraguayo y castañas de agua/ Jakobsmuschel-Tigermilch mit Gurken, Bergpfirsich und Wasserkastanien

Ceviche de pulpo a la pimienta negra con uvas y aceitunas verdes con papas aliñadas/ Pulpo-Ceviche in schwarzer Pfeffer-Tigermilch mit Trauben, grünen Oliven und marinierten Kartoffeln

Was ist Ceviche?

Für das klassische Ceviche wird Weißfisch verwendet, der geschnitten oder gewürfelt und anschließend mit Limettensaft mariniert wird. Dadurch denaturiert das Eiweiß – ähnlich wie beim Garprozess. Der Fisch oder die Meeresfrüchte sind deshalb nicht komplett roh, sondern kalt gegart. Durch die Verfeinerung mit vielen scharfen Zutaten, wie rote Zwiebeln, Koriander und Chili, entwickelt sich ein besonderes Geschmackserlebnis. In der Cevicheria servieren wir das Ceviche mit Süßkartoffel und Bananenchips.

Leche de tigre con vinho verde/ Tigermilch mit Vinho verde

Ceviche de pescado y langostinos con mango y maní/Fisch-Ceviche mit Riesengarnelen, Mango und Erdnüssen

Ceviche de pescado/ Fisch-Ceviche

Leche de tigre de fresas, espárragos y langostinos/Erdbeer-Garnelen-Tigermilch mit weißem Spargel

Restaurant *Cevicheria*
Dresdener Strasse 120
D-10999 Berlin
Fon: +49 (0)30 55 62 40 38
Email: info@cevicheria-berlin.com
Web: cevicheria-berlin.com
facebook.com/cevicheriaberlin

Cevicheria

Pisco Sour – das peruanische Nationalgetränk

Der *Pisco Sour* ist ein Cocktail aus Pisco, dem alkoholischen Nationalgetränk Perus, und Zitronensaft. Es entstand in Lima, in der *Morris Bar*, 1916 von dem Californier *Victor V. Morris* eröffnet, in der *Calle Boza* 847, in der Nähe der Plaza Mayor. Sie war ein Treffpunkt der peruanischen Haute Volée und anglophoner Ausländer, für Morris jedoch auch ein Zentrum des Experimentierens mit Getränken. Er kreierte den *Pisco Sour* als eine Variante des amerikanischen Whisky Sour. Heute kann man nicht mehr feststellen, ob er nur eine einfache Mischung von Pisco mit Zitronensaft war, wie der damalige Whisky Sour, oder ob er identisch mit dem heutigen Pisco-Sour-Rezept war. Seitdem verbreitet sich dieser Aperitif ständig nicht nur in Peru, sondern in aller Welt, wo es peruanische Restaurants gibt. Im Jahre 2003 ordnete die peruanische Regierung an, dass in offiziellen Einladungskarten der klassische *Ehren-Cocktail* durch *Ehren-Pisco* zu ersetzen ist. Im Jahr 2004 bestimmte sie den ersten Samstag im Februar eines jeden Jahres als nationalen *Tag des Pisco Sour*, und in 2007 erklärte das Nationale Institut für Kultur von Peru (INC) den *Pisco Sour zum Kulturerbe der Nation*, basierend auf der *Konvention zur Bewahrung des Immateriellen Kulturerbes der UNESCO*.

Pisco Sour – la bebida nacional del Perú

El *Pisco Sour* es un cóctel preparado con pisco – bebida nacional del Perú – y el jugo de limón. Se originó en Lima, en el *Morris Bar*, abierto en 1916 por el Californiano Victor V. Morris, en la calle Boza 847, cerca de la Plaza Mayor. Era un lugar de encuentro de la "haute volée" y de extranjeros anglófonos de Lima. Para Morris, el salón era también un centro de experimentación de bebidas. Creó el *Pisco Sour* como una variedad del americano Whisky Sour. Hoy no es posible determinar si éste consistía en una simple mezcla de pisco con jugo de limón y azúcar, como lo era el whisky sour de entonces, o era idéntico a la receta del *Pisco Sour* peruano preparado hoy en día. Desde entonces este aperitivo se ha difundido sin cesar no solamente en el Perú sino en todo el mundo donde hay restaurantes de comida peruana. En 2003, el Gobierno peruano dispuso que en las tarjetas de invitaciones oficiales ya no se mencionara el clásico *cóctel de honor* sino el *pisco de honor*. En 2004 se instituyó el primer sábado del mes de febrero de cada año como el *Día del Pisco Sour*, a nivel nacional, y en 2007 el Instituto Nacional de Cultura del Perú (INC) declaró al *Pisco Sour* como *Patrimonio Cultural de la Nación* basado en la *Convención para la Salvaguarda del Patrimonio Cultural Inmaterial de la UNESCO*.

https://de.wikipedia.org/wiki/Pisco_Sour; https://en.wikipedia.org/wiki/Victor_Vaughen_Morris; https://es.wikipedia.org/wiki/Pisco_sour

NANINKA

Picanteria & Piscobar, Berlin

Wir bereiten seit knapp einem Jahr *Cebiches, Causas* und andere peruanische Köstlichkeiten in der Arminiusmarkthalle in Berlin zu.

Unser Restaurant *NANINKA Picanteria und PiscoBar* wurde Anfang Dezember 2015 eröffnet. Kommen Sie vorbei und genießen Sie einen Teller mit einem leckeren Cocktail, z. B. mit einem leckeren *Pisco Sour* oder einem *Peru Libre*.

Inka Eis Café, Berlin

Inka Eis Café es un pequeño oasis peruano en pleno Berlín Schöneberg.

Aquí es posible degustar variados y exóticos helados como lúcuma, chicha morada y palta, que atraen diariamente a su fiel clientela.

Además ofrecemos una riquísima variedad de especialidades culinarias peruanas, como el rico cebiche, los tamales, empanadas, *papas a la huancaína*, entre otras delicias.

No duden en pasar, los esperemos!

INKA EIS & CAFÉ
geöffnet täglich 11.00 – 19.00 (Winter)
Belziger Strasse 44
D-10823 Berlin-Schöneberg

Fon: +49 (0)30 78 09 70 50
Mobil: +49 (0)176 24 11 48 02
Email: inkaeiscafe@web.de
Web: www.inka-eis.de

Inka Eis Café, Berlin

Das *Inka Eis Café* ist eine ist eine kleine peruanische Oase in Berlin-Schöneberg.

Hier kann man die verschiedenen exotischen Eissorten kosten, aus Lukuma, Chicha Morada oder Avocado, die täglich neue neugierige Kunden anlocken.

Außerdem gibt es hier eine große Auswahl anderer peruanischer Speisen, wie köstliches *Ceviche*, *Tamales*, *Empanadas* oder *Huancarina-Kartoffeln*.

Kommen Sie einfach mal hier vorbei, wir erwarten Sie!

INKA EIS & CAFÉ
geöffnet täglich 11.00 – 19.00 (Winter)
Belziger Strasse 44
D-10823 Berlin-Schöneberg

Fon: +49 (0)30 78 09 70 50
Mobil: +49 (0)176 24 11 48 02
Email: inkaeiscafe@web.de
Web: www.inka-eis.de

Inka Eis – el único en Alemania

Un poquito oculto en Berlín, en el barrio de Berlin Schöneberg, detrás una fachada rodeada de arbustos, se asoma una sombrilla fucsia. Sobre la acera un cucurucho gigante invita a saborear un helado, como en muchos otros lugares en esta ciudad. Pero un cartel delante nos hace titubear: *Inka Eis*.

Una cosa así no se ha visto en otra parte de Alemania. Curiosamente miramos detrás de los arbustos y nos encontramos con el pequeño *Inka Eis Café*. Mesitas con sillas situadas a izquierda y derecha de la puerta de entrada y, una vez adentro, en la pared izquierda nos topamos con una galería de fotos con frutos exóticos. Algunos nos suenan familiares, como la piña, el maracuyá o la papaya, otros nos son completamente desconocidos para nuestro paladar alemán: lúcuma, acerola, algarrobina – sabores típicamente peruanos. El letrero sobre el mostrador disipa toda duda: Inka-Eis, producción casera – con frutos originales del Perú. Y si los loros de decoración en las esquinas del local aún no nos terminan de convencer de que se trata efectivamente de una pequeña isla peruana en medio de Berlín, sí lo logra la sonrisa encantadora de *Esmeralda Maldonado*, quien saluda a sus invitados con un: "¿Qué desea?" La orgullosa dueña de este Café vive desde hace diez años en Berlín y acaba de tomar las riendas de este negocio, el cual, se ve, está en muy buenas manos. Nacida en Lima, Esmeralda creció en medio de la gastronomía, aprendió los secretos de la cocina mientras estudiaba la carrera de gestión de turismo. Sus padres eran dueños de una peña – un restaurante grande con orquesta, en donde todos los fines de semana, de viernes a domingo, unos 300 invitados gozaban la vida peruana en todos sus matices: bailar, cantar, comer y beber. Hasta que llegó la época del terrorismo al país … mucha gente huyó. La familia de Esmeralda también, rumbo a Italia. Aquí ella trabajó como au-pair y conoció la cultura italiana del café.

En el año 2006 Esmeralda llega a Alemania. Aprende el idioma, encuentra de improviso al amor de su vida y establece una familia. Paralelamente trabaja en una manufactura de helado…hasta que le entran las ansias de cultivar sus raíces peruanas, hacer uso de su gran experiencia gastronómica y hacerles llegar a los alemanes la variedad culinaria de su país natal. La oferta que le hicieron, de tomar a cargo el *Inka Eis Café*, fue para ella la gran oportunidad esperada. Y ahora aquí, y solamente aquí, en el café de Esmeralda, uno puede saborear un *helado de hierba luisa* o de *guanábana* …

Ella es la reina no coronada del *Café Inka Eis*, con la visión de expandir la actividad con más especialidades peruanas. Esperamos con expectación ese futuro.

Inka Eis – einzigartig in Deutschland

Ein bisschen versteckt in Berlin, im Stadtbezirk Schöneberg, lugt hinter einer grünen Front von Büschen ein pinkfarbener Sonnenschirm hervor, auf dem Gehsteig lädt eine Rieseneiswaffel zum Naschen ein, wie an vielen anderen Orten, jedoch ein Standposter zu ebener Erde macht dann doch stutzig: Inka Eis.

Das hat man anderswo in Deutschland noch nicht gesehen. Schaut man neugierig hinter die Büsche, entdeckt man das kleine Inka Eis Café mit einer Sitzgruppe rechts und links vor dem Eingang und innen links an der Wand fällt sofort eine große Bilderfront ins Auge, mit Fotos von Früchten: unter bekannten wie Ananas, Maracuya und Papaya, unbekannte für den deutschen Eisschlecker wie Lúcuma, Acerola und Algarrobina – eben peruanische. Die Aufschrift auf dem Verkaufsdesk macht es klar: Inka Eis aus eigener Herstellung – mit natürlichen Früchten aus Peru.
Wenn die Loros auf den Wandboards in beiden Ecken des Raumes einen noch nicht ganz überzeugen, dass dieses Eis Café ein peruanisches Inselchen in Berlin ist, so gelingt das dem bezaubernden Lächeln, mit dem Esmerlada Maldonado ihr „Bitteschön?" gegenüber dem Gast ausspricht. Sie lebt schon zehn Jahre in Deutschland, hat das Geschäft jedoch gerade erst übernommen – und es ist bei ihr in bester Hand. Sie stammt aus Lima, wuchs mit dem Gastgewerbe auf, lernte Kochen und studierte Tourismus-Management. Ihre Eltern waren Inhaber einer Peña – eines großen Restaurants mit Orchester, wo an jedem Wochenende von Freitagabend bis Sonntagmorgen an die 300 Gäste volles peruanisches Leben auslebten: tanzen, singen, essen und trinken. Dem setzte das Terrorregime er 80er Jahre ein Ende. Die Familie floh nach Italien, wo Esmeralda als au pair arbeitete und auch die italienische Kaffeekultur kennen lernte.

In 2006 kam sie nach Deutschland, lernte Deutsch, fand unerwartet ihre große Liebe, gründete eine Familie und arbeitete in einer Eis-Manufaktur – bis sie die Lust überfiel, ihre peruanischen Wurzeln zu pflegen, ihre vielfältigen Erfahrungen in der Gastronomie zu nutzen und den Deutschen die peruanische Gastronomie nahezubringen. Das Angebot an sie, das Eis-Café zu übernehmen, war die Gelegenheit dazu. Nun kann man bei Esmeralda zum Beispiel *Hierba Luisa Eis* oder *Guanábana Eis* genießen, und nirgends anders in Deutschland.

Sie ist die ungekrönte Inka-Eis-Königin, und sie hat auch schon eine Vision über Erweiterung mit anderen peruanischen Köstlichkeiten. Man darf gespannt sein!

INKA EIS & CAFE
geöffnet täglich 11.00 – 19.00 (Winter)
Belziger Strasse 44
D-10823 Berlin-Schöneberg
Fon: +49 (0)30 78 09 70 50
Mobil: +49 (0)176 24 11 48 02
Email: inkaeiscafe@web.de
Web: www.inka-eis.de

Quinoa – uraltes und modernes Lebensmittel

Quinoa (in quechua *kinua/kinuwa*) ist eine Nahrungspflanze (Pseudo-Getreide), das seit etwa 5000 Jahren in den Anden angebaut wird. Wie die Kartoffel, war sie eine der wichtigsten Lebensmittel der vor-inkaischen und inkaischen Andenvölker. Heute sind Bolivien und Peru die bedeutendsten Quinoa-Produzenten.

Quinoa weist eine außergewöhnliche Balance von Proteinen, Fetten und Kohlehydraten auf. Es ist reich an Mineralien wie Eisen, Kalzium, Phosphor und Vitaminen, bei geringem Fettanteil. Außerdem beinhaltet es die acht essentiellen Aminosäuren für den Menschen. Traditionell werden die Quinoakörner geröstet und zu Mehl verarbeitet, mit dem man Brot und Pastas herstellen kann. Sie können auch gekocht werden, als Zusatz zu Suppen. Außerdem kann Quinoa fermentiert werden, für Bier oder Chicha, das traditionelle Getränk der Anden. Die novoandinische Küche kreiert mit Quinoa moderne Speisen bis zum Niveau von Haute Cuisine, zum Beispiel Quinoa-Salat, genannt auch Inka-Salat, als Vorspeise.

Die Generalversammlung der Vereinten Nationen erklärte 2013 zum *Internationalen Jahr der Quinoapflanze*, um die Aufmerksamkeit der Welt auf die Rolle der Quinoa für die Sicherung der Ernährung der Weltbevölkerung zu konzentrieren.

Quinua – un alimento antiguo y moderno

La *quinua* (del quechua *kinua* o *kinuwa*) es una planta alimenticia, un pseudocereal que se cultiva principalmente en la cordillera de los Andes desde hace unos 5000 años. Al igual que la papa, fue uno de los principales alimentos de los pueblos andinos preincaicos e incaicos. Hoy en día los principales países productores son Bolivia y Perú. Es rica en minerales como hierro, calcio y fósforo y vitaminas, mientras que es pobre en grasas; además posee los ocho aminoácidos esenciales para el ser humano, lo que la convierte en un alimento muy completo y de fácil digestión.

Tradicionalmente los granos de *quinua* se tuestan y con ellos se produce harina, con la cual se elaboran panes y pastas. También pueden ser cocidos o añadidos a las sopas. Además se fermentan para obtener cerveza o chicha, bebida tradicional de los Andes. Cuando se cuecen adoptan un sabor similar a la nuez. La cocina novoandina utiliza la quinua para crear comidas modernas e incluso sofisticadas, por ejemplo ensalada de quinua, llamada *Ensalada Inka*, como aperitivo.

La *Asamblea General de las Naciones Unidas* declaró el 2013 *Año Internacional de la Quinua* con el objetivo de centrar la atención mundial sobre el papel de la quinua en la seguridad alimentaria y nutricional de la población mundial.

https://es.wikipedia.org/wiki/Chenopodium_quinoa, https://de.wikipedia.org/wiki/Quinoa

Restaurant *Miraflores*
Neuhofstrasse 15
D-60318 Frankfurt am Main
Fon: +49 (0)69 95 51 77 70
Web: www.miraflores-frankfurt.de

Öffnungszeiten:
Dienstag – Sonntag
18.00 – 01.00 Uhr
Montag geschlossen

Cocina novoandina en *Miraflores*

Entrevista al Sr. Christian Cueva Pacheco, propietario del restaurante peruano Miraflores en Frankfurt

CCP: *Sr. Cueva, su nuevo restaurante en Frankfurt „Miraflores" fue inaugurado en febrero del 2016 y ofrece cocina novoandina. ¿Qué es lo nuevo de esta cocina?*

CHCP: La cocina novoandina es un nuevo estilo culinario peruano, en el que se utilizan ingredientes autóctonos y tradicionales para la creación de platos sofisticados. La idea de nuestro restaurante es ofrecer los diferentes tipos de estilos culinarios que hay en el Perú, como la cocina criolla, novoandina, chifa, nikkei y fusión, presentados de una manera creativa y moderna sin perder la esencia de nuestra cultura gastronómica.

CCP: *¿Cuáles son los productos característicos de la cocina novoandina?*

CHCP: El más popular aquí es la quinua, que no solo se puede utilizar en ensaladas sino también en sopas, acompañamientos, postres y hasta en bebidas. Otros productos son el huacatay, una menta andina, el olluco, un tubérculo de los andes, el aguaymanto, la lúcuma, los diferentes tipos de maíz y ajíes, entre otros productos.

CCP: *Estos son todos productos básicos de los Andes que se utilizan desde hace miles de años, pero ¿qué es lo realmente nuevo y moderno en la preparación?*

CHCP: Es el enfoque distinto, utilizando estilos culinarios propios, combinándolos con el uso de técnicas modernas y formas de presentación más creativas y sofisticadas.

CCP: *Propónganos por favor un típico menú novoandino de tres platos.*

CHCP: Soltero de quinua con salsa de huacatay. Ajiaco de olluco con chuletas de cordero en una salsa de vino tinto y ají panca. Y de postre suspiro de lúcuma.

CCP: *Éstos son sin duda experiencias culinarias completamente nuevas para los clientes en Fráncfort. ¡Le deseamos mucho éxito!*

Restaurant *Miraflores*
Neuhofstraße 15
D-60318 Frankfurt am Main
Fon: +49 (0)69 95 51 77 70
Web: www.miraflores-frankfurt.de

Miraflores
Peruanische Küche

Novoandinische Küche im *Miraflores*

Interview mit dem Inhaber des Restaurants „Miraflores" in Frankfurt, Herrn Christian Cueva Pacheco

CCP: *Herr Cueva, Ihr Restaurant „Miraflores" ist ganz neu in Frankfurt, eröffnet im Februar 2016, und Sie führen sich ein mit novoandinischer Küche. Was ist neu an dieser Küche?*

CHCP: Die novoandinische Küche ist ein peruano-kulinarischer Stil, bei dem heimische und traditionelle Zutaten für Kreationen der Haute Cuisine verwendet werden. Das Konzept unseres Restaurants besteht darin, Speisen der verschiedenen kulinarischen Typen Perus anzubieten, zum Beispiel Speisen der kreolischen, novoandinischen, peruano-chinesischen und peruano-japanischen Küche, in kreativer und moderner Weise präsentiert, ohne den Charakter unserer gastronomischen Kultur zu verlieren.

CCP: *Nennen Sie doch bitte einige Basisprodukte, die charakteristisch sind für die novoandinische Küche?*

CHCP: Das bekannteste hier ist Quinoa, das man nicht nur in Salaten verwenden kann, sondern auch für Suppen, als Beilage und Nachspeise, ja sogar in Getränken. Andere Produkte sind Huacatay, eine andinische Minze, Olluco, eine kleine Knolle der Anden, Aguaymanto, Lúcuma, die verschiedenen Mais- und Chilisorten und andere.

CCP: *Ja, das sind Grundnahrungsmittel in der Andenregion seit Jahrtausenden, jedoch werden sie jetzt modern zubereitet. Was ist also neu in der Zubereitung der peruanischen Produkte?*

CHCP: .... das ist eben der andere Ansatz bei Anwendung der eigenen kulinarischen Stile: diese kombinieren mit dem Gebrauch moderner Technik und Präsentationsformen, die kreativer und raffinierter sind.

CCP: *Das hört sich sehr interessant an. Danke. Nennen Sie doch bitte ein novoandinisches Drei-Gang-Gericht!!*

CHCP: Quinoa-Salat mit Soße von peruanischer Minze. Gegrillte Lammkoteletts, dazu eine Kartoffel-Käse-Chili-Creme mit Andenknollen, abgerundet mit einer Soße aus Rotwein und sonnengetrockneten Chilis. Lúcuma-Creme gekrönt mit einem leichten likörhaltigen Eischaum als Dessert.

CCP: *Gratulation! Das sind wirklich völlig neue kulinarische Erfahrungen für die Frankfurter ebenso wie für andere. Wir wünschen Ihnen viele Gäste!*

Restaurant *Miraflores*
Neuhofstraße 15
D-60318 Frankfurt am Main
Fon: +49 (0)69 95 51 77 70
Web: www.miraflores-frankfurt.de

Miraflores
Peruanische Küche

Peruanische Causas

Herkunft und Zubereitung

Die *Causa* – das ist ein typisches und weit verbreitetes Gericht der peruanischen Küche, das seinen Ursprung im präkolumbischen Peru hat. Schon im alten Peru wurde es – vermischt mit zerstoßenem Pfeffer – aus gelben Kartoffeln hergestellt. Man kann Causas allerdings auch mit jeder anderen Sorte von Kartoffel anrichten. In der Epoche des spanischen Vizekönigtums, zwischen dem 16. und 19. Jahrhundert, fügte man Zitrone hinzu und so entstanden sie in der heute bekannten Form, sowohl in ihrer bevorzugten Präsentation als auch in Bezug auf die verwendeten Zutaten: gelbe Kartoffel, Zitrone, Pfeffer, Salat, gekochtes Ei, Avocado und schwarze Oliven. Diese gewürzte Kartoffelmasse wird in einer Form vorbereitet, in Schichten, gefüllt mit Fisch, Octopus, Huhn oder anderen Sorten von weißem Fleisch, und als kalte Vorspeise serviert.
Der Name *Causa* stammt wahrscheinlich aus dem Quechua-Wort *kausay,* was *notwendige Nahrung und Ernährung* oder *das, was (er)nährt* bedeutet, und so wurde auch die Kartoffel bezeichnet.

Causas del Perú

Origen y Preparación

La *causa* es un plato típico y muy extendido de la gastronomía del Perú que tiene un origen precolombino ya que en el antiguo Perú era preparada con papa amarilla, amasada con ají triturado, aunque también se puede elaborar con cualquier otra variedad de papa.
En la época del virreinato entre los siglos XVI y XIX, se le agregó el limón y termina en la forma actual tanto en su presentación preferente como en los ingredientes utilizados: papa amarilla peruana, limón, ají, lechuga, huevo cocido, palta y aceitunas negras.
Esta masa de papa sazonada está preparada en una fuente en capas, relleno de atún, pulpos, mariscos, pollo u otras variedades de carne blanca, y servida como aperitivo frío, conocida como causa limeña.
El nombre de causa, probablemente, viene de la palabra quechua *kausay*, que significa *sustento necesario y alimento, o lo que alimenta*, como se le llamaba también a la papa.

Nach/según https://es.wikipedia.org/wiki/Causa_a_la_limeña

Restaurant *Causas Peru*, Köln/Colonia

Typisch peruanische Causas aus frischen peruanischen Zutaten, frische Meeresfrüchte und vieles andere mehr.

Im *Causas Peru* erleben Sie die Vielfalt der peruanischen Küche und lateinamerikanisches Flair.

Causas típicas peruanas hechas de típicos ingredientes frescos peruanos, pescados y mariscos frescos y mucho más.

En el restaurante *Causas Peru* puede experimentar la diversidad de la cocina peruana y un toque de América Latina.

Restaurant *Causas Peru*
Venloer Strasse 531
D-50825 Köln
Fon: +49 (0)221 44 90 28 86
Web: causas-koeln.de

Öffnungszeiten:
Mittwoch – Montag 17:00 – 24:00 Uhr
Dienstag Ruhetag

Der Ekeko in der Andenregion – ein Glücksbringer

Der *Ekeko* – *Iquiq* in der Sprache der Aymara – ist ein andiner Gott des Überflusses, der Fruchtbarkeit und Freude. In vorkolonialer Zeit wurde er nackt dargestellt. Die Spanier akzeptierten den Kult um den *Ekeko*, legten der Statue jedoch andine Kleidung an. Von da an genießt der *Ekeko* in der Andenregion (Bolivien, Peru, Chile, Argentinien) bei allen Bevölkerungsschichten großes Ansehen – als Glücksbringer. Der *Ekeko* wird als ein Mann mit einem Schnurrbart dargestellt, der total beladen ist mit Taschen und Körben voll mit Lebensmitteln, Haushaltsgegenständen und Geldscheinen – im Grunde mit allem, was ein Mensch für ein komfortables und erfolgreiches Leben denkt, besitzen zu müssen. Eine solche kleine Statue wird allgemein an einem Ehrenplatz des Hauses aufgestellt, jedoch auch als Amulett an Schlüsselringen oder als Schmuckanhänger getragen. Moderne Statuen des Gottes weisen einen offenen Mund auf, in den eine Zigarette hineingesteckt wird oder andere Gegenstände – Getreidekörner, Geldscheine, Miniaturkoffer, Miniziegel u. a., je nach den Wünschen, die er erfüllen soll. Dazu muss man ihn, so glaubt man, bei guter Laune halten bzw. ihm Opfer bringen.

El Ekeko de la región andina – un amuleto de la suerte

El *Ekeko* – *Iquiq* en el idioma de los aymaras – es un dios andino de la abundancia, la fertilidad y la alegría. En tiempos precolombinos era representado desnudo. Los españoles aceptaron el culto al *Ekeko*, pero vistieron la estatua con ropa andina. A partir de entonces, en la región andina (Bolivia, Perú, Chile, Argentina), el *Ekeko* disfruta, en todas partes de la población, de gran prestigio – como símbolo de la buena suerte.

El *Ekeko* es representado como hombre con bigote, totalmente cargado de bolsas y cestas con alimentos, artículos para el hogar y billetes – básicamente con todo lo que una persona piensa que deber poseer para una vida cómoda y exitosa. La pequeña estatua habitualmente se coloca en un lugar de honor en la casa, pero también es usada como amuleto para anillos o colgantes. Modernas estatuas del *Ekeko* tienen la boca abierta, en la cual se inserta un cigarrillo u otras cosas, como por ejemplo granos de cereales, billetes, una maleta o un ladrillo en miniatura, entre otras cosas, en función de los deseos que debe ayudar a cumplir. Por es eso se cree que hay que engreírle y rendirle tributo.

Nach/Según http://info.bolivien-kunsthandwerk.com/Die-Ursprunge-des-Ekeko-a18

Restaurant *Ekeko*, Hannover

Spezialitäten aus Peru und Mexiko

Seit elf Jahren bringen wir unseren Kunden die vielfähltige Küche aus Peru und Mexiko näher. Unser Anspruch ist es, unseren Kunden aus dem Alltag zu entführen. Mit den besten Gerichten aus der traditionellen, moderen Küche, jedoch auch mit eigenen Kreationen gelingt es uns. In dem familiären und etwas anderem Ambiente, dekoriert mit viel Liebe und eignem Charakter könnt Ihr Eure Augen schließen und Ihr genießt Euer Essen wie in Lima oder Mexiko City.

Wer das etwas Andere liebt und gerne etwas Neues ausprobiert, ist bei uns richtig.

Mit viel Liebe, Leidenschaft und Geduld haben wir es geschafft, vielen Menschen die Traditionen und die Lebensart aus Peru und Mexiko etwas näher zu bringen, denn Liebe geht bekanntlich durch den Magen.

Traditionelle, moderne und eigene Küche

Wir bieten traditionelle moderne oder eigene Kreationen an. Dabei verwenden wir, wenn möglich, orginale Produkte. Allle Soßen, Gewürzmischungen und anderes stellen wir selbst her. Dadurch erreichen wir einen Geschmack, wie man ihn in Peru und Mexiko kennt, jedoch immer mit unserer eigenen Note.

Restaurant *Ekeko*
Raupertstrasse 25, D-30539 Hannover
Fon: +49 (0)511 37 41 178
Email: info@ekeko-restaurant.de
Web: www.ekeko-restaurant.de

Öffnungszeiten:
Mittwoch – Samstag 18:00 – 23:00 Uhr
In den Sommerferien:
Donnerstag – Samstag

Ekeko

Pachamama in der Andenkultur

Die „Augen" der Pachamama im Observatorium von Machu Picchu

Pachamama ist der Kern des Glaubenssystems des ökologischen und sozialen Handelns unter den indigenen Völkern der Zentralanden Südamerikas. Der Begriff *pacha* umfasst in der Sprache der Quechua und Aymara die Gesamtheit des Seins. Das Wort *mama* wird in beiden Sprachen für Mutter verwendet. Somit bedeutet *Pachamama* auch Mutter des Raumes und der Zeit, der Welt und des Universums. *Pachamama* ist nicht explizit weiblich, „wohnt" nicht an einem bestimmten Ort, und ursprünglich gibt es dafür auch kein Abbild. Man kann ES in jedem Moment und an jedem Ort fühlen. Es ist das Leben an sich. Für die andine Bevölkerung haben allerdings sowohl Dinge als auch Ereignisse eine Mutter und das ist *Pachamama*: Ursprung des Neuen, des Lebens, mütterliche Quelle, die auch Schutz gibt. Dieser mütterliche Charakter war ausschlaggebend dafür, dass *Pachamama* vornehmlich von Frauen verehrt wurde und über die Jahrhunderte, besonders durch westlich-christliche Einflüsse (Marienverehrung), weiblich wurde. Da die Menschen von gottartigen Wesen, die die Macht über das Leben haben, etwas wollen (Fruchtbarkeit und Schutz), geben sie ihnen durch Opfer und Verehrung in Form von Festen zurück, was sie von ihnen erhalten haben.

La Pachamama en la cultura andina

La Pachamama es el centro del sistema de creencias de la acción ecológica y social entre los pueblos indígenas de los Andes Centrales de América del Sur. En el idioma quechua y aymara, el término *pacha* incluye la totalidad del ser. La palabra *mama* en ambos idiomas se utiliza para la madre. Por lo tanto *Pachamama* también significa madre de espacio y tiempo, el mundo y el universo. *Pachamama* no es explícitamente femenino, no ‚vive' en un lugar determinado y originalmente no es representada por ninguna imagen. Se puede sentirla en cualquier momento y en cualquier lugar. Es la vida misma. Sin embargo, para la población andina, todas las cosas y también los acontecimientos tienen una madre, que es la *Pachamama*: el origen de todo nuevo y de la vida, la fuente materna, que también tiene un efecto protector. Este personaje materno era crucial para que la *Pachamama* fuera adorada en particular por mujeres y a lo largo de los siglos se haya transformado en mujer sobre todo por la influencia occidental-cristiana (devoción de María). Como la gente espera recibir algo de seres divinos que tienen el poder sobre la vida (fertilidad y protección), les devuelven a través de sacrificios y devoción en forma de fiestas – lo que han recibido de ellos.

https://de.wikipedia.org/wiki/Pachamama https://es.wikipedia.org/wiki/Pachamama

Restaurant *Pachamama*, Regensburg

Con el restaurante de especialidades peruanas *Pachamama* se cumplió para mí un sueño culinario, después de mi regreso del Perú. En ese país, desde el primer día quedé fascinado con la gran variedad y el exquisito sabor de la cocina peruana, y ahora en Alemania quiero compartir con usted esta experiencia.

En *Pachamama* nuestro objetivo es servirle lo mejor de la cocina peruana.

Damos gran importancia a los ingredientes originales y a la preparación tradicional, porque solo así podemos proporcionarle a usted una auténtica experiencia culinaria.

Hans Pappenheimer y el equipo del „Pachamama"

Mit dem peruanischen Spezialitätenrestaurant *Pachamama* habe ich mir nach meiner Rückkehr aus Peru einen kulinarischen Traum erfüllt. Ich war vom ersten Tag an von der großen Vielfalt und der „Leckerheit" der peruanischen Küche begeistert und jetzt möchte ich auch Sie an dieser Erfahrung teilhaben lassen.

Im *Pachamama* haben wir den Anspruch, Ihnen das Beste der peruanischen Küche zu servieren.

Wir legen viel Wert auf weitgehend originale Zutaten und die landestypische Zubereitung, denn nur so können wir Ihnen ein authentisches kulinarisches Erlebnis bieten.

Hans Pappenheimer und das Pachamama-Team

PACHAMAMA
Peruanisches Restaurant

Restaurant *Pachamama*
Bischof-Konrad-Strasse 4
D-93051 Regensburg
Fon.: +49(0)941 94 27 95 48
Email: info@pachamama-regensburg.de
Web: pachamama-regensburg.de

Öffnungszeiten:
Dienstag – Sonntag 18:00 – 23:00 Uhr,
Montag Ruhetag

Wie das Colibri nach Grafenhausen kam …

Wie erklärt sich der exotische Name des *Colibri Restaurant* im Gasthaus „Zur Linde" im Schwarzwald, in dem immer der Kuckuck zu Hause war?

Als vor einigen Monaten der peruanische Chefkoch *José Antonio Talavera* mit seiner Familie das Gasthaus „Zur Linde" im Schwarzwald erwarb, richteten sie auch das *Colibri Restaurant* ein.
Um ihrem Restaurant einen Namen zu geben, suchten sie nach einem, der eine deutsch-peruanische Verbindung bilden könnte, denn es würde die erste in dieser Region sein. Bei der Suche nach dieser Identifikation entschieden sie sich für den Namen *Colibri*, und zwar in Erinnerung an die deutsche Wissenschaftlerin *Maria Reiche*, die 50 Jahre ihres Lebens der Erforschung der rätselhaften Geoglyphen von Nasca widmete, die weltweit als die Nasca-Linien an der Südküste Perus bekannt sind.

So wurde die Figur des *Colibri* (Vogel), eine ihrer ersten Entdeckungen, das Symbol für die deutsch-peruanische Verbindung der Familie Talavera, heute Eigentümer des Restaurants.

De cómo llegó el colibrí a Grafenhausen …

¿Cómo se explica el exótico nombre del *Restaurant Colibri* en el Gasthaus *Zur Linde* en la Selva Negra, de dónde proviene el pájaro cucú?

Cuando el chef peruano *José Antonio Talavera* hace unos meses con su familia adquirió el Gasthaus „Zur Linde" en Grafenhausen, instalaron en su interior el *Colibri Restaurant*.

Al ponerle nombre a su restaurante buscaron uno que pudiese constituir una asociación peruano-alemana, pues sería el primero en esta región. Por eso, luego de buscar algún nombre que pudiese identificar esta vinculación, decidieron ponerle como nombre *Colibri*, en memoria de la científica alemana *Sra. María Reiche* quien dedicó 50 años de su vida a la investigación de los enigmáticos geoglifos de Nazca conocidos mundialmente como las Líneas de Nasca en la costa sur del Perú.

De tal forma que *la figura del Colibri* (el ave), una de las primeras descubiertas por ella, se transformó en ícono de esta asociación peruano-alemana de la familia Talavera, que son hoy los propietarios del restaurante.

https://es.wikipedia.org/wiki/Maria_Reiche; https://es.wikipedia.org/wiki/Lineas_de_Nazca

Colibri Restaurant, Grafenhausen

im Gasthaus „Zur Linde"

Peruanische Küche vom peruanischen Chefkoch José Talavera, mit peruanischen Rezepten. Im Gasthaus „Zur Linde" werden auch lokale und internationale Gerichte serviert.

Cocina peruana del chef peruano José Tavalera, con antiguas recetas de los Incas. En el Bistro "Zur Linde" se sirven platos locales e internacionales.

Lomo Saltado

Ceviche

Cau Cau

Arroz con Mariscos

Suspiro a la Limeña

Colibri Restaurant
Kirchsteig 10
D-79865 Grafenhausen
Fon: +49 (0) 77 48 92 96 843
Email: info@linde-grafenhausen.de
Web: www.linde-grafenhausen.de

Bistro _Colibri_
Schulstrasse 1
D-79865 Grafenhausen
Fon: +49 (0) 77 48 92 96 843
Email: info@linde-grafenhausen.de
Web: www.linde-grafenhausen.de

LINDE

Peru – ein Vogelparadies

Die Vielfalt der Vogelarten Perus. Fast 2000 Arten stellen 20 % der Weltpopulation dar und mehr als 62 % aller Vogelarten Südamerikas: 91 Arten peruanischer Vögel sind weltweit vom Aussterben bedroht. Es ist bemerkenswert, dass seit den frühen 80er Jahren des 20. Jahrhunderts bis zum Beginn des zweiten Jahrzehnts unseres Jahrhunderts in Peru mehr neue Arten von Vögeln entdeckt wurden als in jedem anderen Land der Welt. Das Land hält den Weltrekord für die Anzahl der Vogelarten, die man an einem einzigen Tag beobachten konnte, ohne die Hilfe von motorisierten Fahrzeugen, mit 331 Vögeln im Jahr 1982 an der Biologischen Station Cocha Cashu. Dieser Rekord ist bis heute nicht übertroffen worden.
Der Nationalvorgel Perus ist die *rupicola peru* gemeinhin als Felsenhähnchen oder *Tunqui* (Quechua: *Tunki*) bekannt, zuweilen auch als *Yungas*. Ein Teil der unvergleichlichen Vogelvielfalt Perus sind die fast 120 verschiedenen Arten von Colibries.

Perú – un paraíso de las aves

La diversidad de especies de aves del Perú – casi 2000 especias – representa el 20 % del total del mundo y más del 62 % de todas las especies de aves de América del Sur. 91 especies de aves peruanas se encuentran amenazadas de extinción a escala global. Cabe resaltar que desde principios de los años 80 del siglo XX hasta los inicios de la segunda década del siglo XXI, se han descubierto más especies nuevas de aves en el Perú que en cualquier otro país del mundo. El país posee el récord mundial del mayor número de especies de aves vistas en un solo día sin la ayuda de vehículos motorizados, con 331 aves en la Estación Biológica Cocha Cashu, obtenido en 1982 y hasta hoy el récord no ha sido superado.

El ave nacional del Perú es la *rupicola peruviana,* llamada comúnmente *Gallito de las rocas* o *Tunqui* (quechua: *tunki*), también conocida como *Yungas*. Parte de la inigualable diversidad de aves que posee el Perú son las casi 120 especies de colibríes.

Nach/Según https://es.wikipedia.org/wiki/Anexo:Aves_del_Peru.

Bird Watching in Peru: *http://birding-in-peru.com/ + http://www.perubirdingtours.com/ + http://www.frommers.com/destinations/peru/620936*

Restaurant *El Mirador*, München

Im Restaurant *El Mirador* in München, genießen Sie unsere liebevoll zubereiteten kulinarischen Spezialitäten aus Peru und Spanien in einem schönen und angenehm relaxten Ambiente.

Wir bereiten für Sie leckere und ganz besondere Gerichte wie *Ceviche*, *Anticuchos*, *Papa a la Huancaína*, *Lomo Saltado* und *Ají de Gallina* aus Peru. Die peruanische Küche etabliert sich weltweit immer mehr, mit ihrem vortrefflichen und exotischen Mix aus andiner, amazonischer, afrikanischer und asiatischer Küche. Aber auch *Paella*, *Zarzuela* oder *Tapas* aus Spanien haben wir in unserem breiten kulinarischen Angebot.

Gern servieren wir Ihnen wohlschmeckende und süffige Cocktails, stilvolle Weine und leckere Longdrinks. Aber auch Getränke und Bier aus Peru und Lateinamerika, wie *Pisco*, *Inka Cola*, *Chicha Morada*, *Bio-Café* aus Peru, *Cerveza Cusqueña* und einiges mehr. Da ist für jeden Geschmack etwas dabei!

Catering – Mehr als eine Erlebnis

Von der Großveranstaltung bis zur Privatfeier – wir sind für Sie da! Sie möchten Ihren Gästen etwas Besonderes bieten und suchen einen zuverlässigen Partyservice in München? Oder planen Sie eine Veranstaltung und benötigen ein Event Catering in München? Dann ist *El Mirador* genau der richtige Ansprechpartner für Sie.

Restaurant *El Mirador*
Tapas – Bar – Restaurante
Clemensstrasse 83, D-80796 München
Fon: + 49 (0)89 68 00 86 39
Mobil: + 49 (0)176 62 04 84 40
Email: reservierung@elmirador-munich.de
Web: elmirador-munich.de

Öffnungszeiten
Mittwoch – Donnerstag 17:30 – 01:00 Uhr,
Feitag 17:30 – 03:00 Uhr,
Samstag 14:00 – 03:00 Uhr
Sonntag 14:00 – 24:00 Uhr

Weitere Restaurants/Otros restaurantes

Berlin

Paracas I + II
www.paracas.de/

Serrano
www.restaurante-serrano.de

Chicha
www.chicha-berlin.de

Frankfurt

Mi Perú
www.miperu.de

Papa Peru
www.papaperu.de

La Cevi
www.la-cevi.de

Darmstadt

Guantanamera
www.guantanamera.org

Köln

La Pachamama
www.lapachamama.de

El Inca
www.el-inca.de

Bonn

Peru deputamare
http://www.restaurante-peru.de/

Siegburg

Café & Restaurant Pisco
www.restaurant-pisco.de

Münster

La Costanera An der Aa
www.la-costanera.de

Hamburg

Bistro – Bar Mi Barrio
www.mi-barrio.com

Ollita Peruana
facebook.com/ollita.peruana

Café/Bistro El Gusto
www.facebook.com/
Café-Bistro-El-Gusto

Nürnberg

El Encanto
www.el-encanto.de

München und Umgebung

Matsuhisa Munich (jap./peruan.)
http://www.mandarinoriental.de/munich/
fine-dining/

Pajarillo Verde
http://pajarilloverde.weebly.com

Bodega Torres
http://dbodegatorres.wix.com/
bodegatorres

Dresden

Capriccios (ital./peruan.)
facebook.com/Capriccios-Dresden

Home Cooking

Lima Limón, Berlin
https://web.facebook.com/pages/
LimaLimon_rdr

Waykumuy, Frankfurt
http://www.waykumuy.de

Klassische und moderne Rezepte aus Peru

Peru ist bekannt als das „Land der tausend Klimazonen". Diese klimatische Vielfalt ist letztlich Ursprung der bunten Palette von Gerichten der peruanischen Küche. Trotz internationaler Einflüsse haben sich die typischen ur-inkaischen Gerichte der Peruaner über die fünf Jahrtausende behauptet.

Die Rezeptsammlung mit über 200 Gerichten bietet einen umfassenden Überblick über die traditionelle Landesküche Perus und ermöglicht es, die kulinarischen Urlaubserinnerungen in der eigenen Küche nachzuerleben und ohne Aufwand nachzukochen.

„Dieses Rezeptbuch ist wirklich peruanisch! Die Rezepte sind authentisch und schmecken fantastisch" *(Allgemeine Rückmeldung zum Buch)*

Perú no sólo es conocido por su excelente cocina, sino también como la „tierra de los mil climas". Esta diversidad climática es sin duda el orígen de la gran variedad y cantidad de platos de la cocina peruana. A pesar de la influencia gastronómica internacional, se han mantenido durante cinco milenios los platos típicos peruanos de los incas.

La colección con más de 200 recetas ofrece un espectro grande de la cocina tradicional del Perú. Los platos son muy fáciles de preparar y dejan así revivir los recuerdos culinarios de cada viaje a Perú.

„Las recetas son auténticas y deliciosas. Este libro de recetas es peruano!" *(opinión general sobre el libro)*

Heidi Schade
Klassische und moderne Rezepte aus Peru.
Mit Glossar und kulinarischem Wörterbuch, mit Produktalternativen und Bezugsquellen.
Con un glosario y diccionario culinario, con alternativas y fuentes de compra de los productos.
270 Seiten/paginas, Dreieich 2009, ISBN 978-3-938173-70-1, 14,95 EUR

Wein- und Pisco-Importeure
Importadores de vinos y piscos

Pisco de Oro e. K.
www.pisco-de-oro.de

Inka House Trading
www.inkahouse.de

Perola GmbH
www.perola.eu

Dauelsberg & Lobmeyer Pisco Peru GbR
www.pisco-peru.de

Pukio e. K.
www.pukio.de

IMEX SÜDAMERIKA
www.peru-weinversand.de

Peruanische Lebensmittel online
Alimentos peruanos en línea

Antojos Latinos
www.antojoslatinos.de

Sana Versand
Productos orgánicos y biológicos
www.sana-versand.de

Nobile – Nature Products
www.nobile-nat.de

Mi Tierra
www.mi-tierra.de

Teil 4

Kultur

Parte 4

Cultura

Gruppe „Corazón Peruano" tanzt Pacasito./ Grupo „Corazón Peruano" baila Pacasito.

Gruppe „Lucecitas del Perú" tanzt Valicha/Grupo „Lucecitas del Perú" baila Valicha

Centro Cultural del Perú e.V.

Deutsch-Peruanisches Kulturzentrum e.V.

München

Deutsch-peruanisches Kulturzentrum e. V.

Unser Verein *Centro Cultural del Perú e. V.* (*Deutsch-peruanisches Kulturzentrum*) besteht seit 1988 in München. Der Verein stellt einen institutionellen Rahmen, um die peruanische Kultur in Deutschland bekannt zu machen und ermöglicht den Peruanern, ihre Traditionen auch in ihrer zweiten Heimat weiter zu pflegen. Dabei stehen Verständigung und Integration zwischen Peruanern und Deutschen im Vordergrund. Seit 28 Jahren bieten unsere Feste allen Freunden der peruanischen Kultur Beispiele für die Musik, Tänze und kulinarischen Spezialitäten aus den drei Regionen Perus. Außerdem schaffen sie eine Gelegenheit für das Zusammenkommen von Familien und Menschen, die ihre Herzen sowohl in Deutschland als auch in Peru haben. Die Folkloretanzgruppe *Corazón Peruano* vertritt den Verein bei unterschiedlichen Straßenfesten und Veranstaltungen mit den traditionellen Rhythmen und Trachten, die die Diversität der Völker und Regionen Perus darstellen.

Bei uns werden u. a. der *Nationalfeiertag* und *Weihnachten* groß gefeiert, aber auch religiöse Traditionen gehören zu unserem Programm. Seit 2010 organisieren wir mit Unterstützung der *Misión Católica de Lengua Española* die Prozession des *Señor de los Milagros*, unseres *Herrn der Wunder*, eine der größten katholischen Glaubensbekenntnisse der Welt, die jährlich im Oktober in Lima stattfindet. Seit 2013 wird diese Prozession in Zusammenarbeit mit der *Hermandad del Señor de los Milagros de Múnich e. V.* (der Bruderschaft des Herrn der Wunder in München) gestaltet.

Eine wichtige Angelegenheit des Vereins ist es, der jungen Generation die Möglichkeit zu bieten, mehr von ihren Wurzeln kennenzulernen. In unserer Kindertanzgruppe *Lucecitas del Perú* können Kinder beim Lernen der traditionellen peruanischen Tänze ihre zweite Muttersprache Spanisch weiterlernen und ausüben.

Als gemeinnütziger Verein arbeitet sein Vorstand ehrenamtlich und widmet die Erträge der Veranstaltungen sozialen Projekten in Peru. Spenden an das *Centro Cultural del Perú* unterstützen also nicht nur unsere Arbeit in Deutschland, sondern auch Familien und Kinder in Not in Peru. Unsere Türen sind offen für neue Mitglieder und wir freuen uns auf ihre neuen Ideen und ihr Engagement!

Centro Cultural del Perú e. V.
Stiftsbogen 144
D-81375 München
Fon: +49 (0)160-90484962
Email: info@ccperu-munich.de
Web: www.ccperu-munich.de

Prozession des Herrn der Wunder./ Procesión del Señor de los Milagros.

Gruppe „Corazón Peruano" in Regensburg./ Grupo „Corazón Peruano" en Regensburg.

Centro Cultural del Perú e.V.

Deutsch-Peruanisches Kulturzentrum e.V.

München

Centro Cultural del Perú e. V.

Nuestra asociación *Centro Cultural del Perú e. V.* fue fundada en la ciudad de Múnich, en 1988. La asociación ofrece un marco institucional para difundir la cultura peruana en Alemania y facilita que los peruanos puedan continuar cultivando sus tradiciones en su segunda tierra. El mejor entendimiento y la integración entre peruanos y alemanes son la meta primordial de nuestra tarea. Desde hace 28 años, nuestras celebraciones vienen ofreciendo a todos los amigos de la cultura peruana una muestra de la música, danza y arte culinario de las tres regiones del Perú. Además, son lugar de reencuentro para familias y personas que tienen el corazón tanto en el Perú como en Alemania. El grupo de danza folclórica *Corazón Peruano* representa a nuestra asociación en diversas fiestas distritales y actividades culturales, con los típicos ritmos y trajes que manifiestan la diversidad de los habitantes y regiones del Perú.

Sobre todo las *Fiestas Patrias* y la *Navidad* las celebramos a lo grande, aunque también las tradiciones religiosas son parte de nuestro programa. Desde el año 2010 venimos organizando, con la colaboración de la *Misión Católica de Lengua Española,* la misa y procesión en honor al *Señor de los Milagros*, una de las manifestaciones de fe católica más numerosas del mundo, que se lleva a cabo cada año en el mes de octubre en la ciudad de Lima. Desde 2013 se organizan la misa y procesión en conjunto con la *Hermandad del Señor de los Milagros de Múnich e. V.*

Otro propósito importante de la asociación es ofrecer a las nuevas generaciones más posibilidades de conocer mejor sus raíces. En el grupo de danza para niños *Lucecitas del Perú*, los niños pueden experimentar y poner en práctica su segunda lengua materna, el español, mientras que aprenden las costumbres de sus antepasados.

Como asociación sin fines de lucro, la directiva del Centro trabaja *ad honorem* y destina las ganancias de sus actividades a proyectos sociales en el Perú. Sus donaciones apoyan no solo nuestro trabajo en Alemania, sino también a familias y niños necesitados. Nuestras puertas están abiertas para nuevos socios, nuevas ideas y su participación en las actividades.

Centro Cultural del Perú e. V.
Stiftsbogen 144
D-81375 München
Fon: +49 (0)160-90484962
Email: info@ccperu-munich.de
Web: http://www.ccperu-munich.de

Kaymy Llaqtay

El grupo de danzas *Kaymy Llaqtay* fue fundado en septiembre de 1999 en la ciudac de Múnich por la Sra. Victoria Garay de Schwarz. Su nombre *Kaymy Llaqtay* significa en el idioma quechua *Esta es mi tierra.*

El propósito fundamental de *Kamy Llaqtay* es difundir la cultura peruana mediante su música, bailes y tradiciones.

Con la llegada de los españoles al imperio incaico empieza una nueva etapa de vida en el Perú y las costumbres van modificándose, también dentro de la música Son construidos nuevos instrumentos por la población de origen de Angola llegada al Perú como esclavos para trabajar en el campo de algodón y caña de azúcar. Aparecen nuevos ritmos mezclados en los campos de indios, africanos y españoles, y se incluyen también instrumentos típicamente de España como la guitarra y las castañuelas, entre otros, y se va armando una nueva ola de ritmos.

Mostramos los diferentes instrumentos creados en su momento como el *cajón*, la *quijada de burro*, la *cajita* y otros.

El Perú cuenta con tres diferentes regiones naturales (Costa, Sierra y Selva), cor una gran variedad de ritmos y colores en sus vestuarios. Cada cuidad y cada pueblo cuenta con vestuarios e instrumentos diferentes.

Esta es la riqueza de nuestras costumbres.

Kaymy Llaqtay
Lüftiger Hof 6
D-83607 Holzkirchen
Fon: +49(0)80 24 48 349,
Mobil: +49(0)173 29 67 103
Email: victoria@schwarz-holzkirchen.de
Web: www.kaymy-llaqtay.de

KAYMY LLAQTAY
PERUVIAN FOLK DANCE GROUP

Kaymy Llaqtay

Die Tanzgruppe *Kaymy Llaqtay* wurde im September 1999 von Frau Victoria Garay de Schwarz in München gegründet. Der Name *Kaymy Llaqtay* bedeutet in der Quechua-Sprache: *Das ist meine Erde.*

Das grundlegende Anliegen von *Kaymi Llaqtay* ist es, die peruanische Kultur durch ihre Musik, Tänze und Traditionen zu verbreiten.

Mit der Ankunft der Spanier im Inkareich beginnt eine neue Phase des Lebens in Peru und die Bräuche änderten sich, auch in der Musik. Es wurden neue Instrumente gebaut, und zwar von der Bevölkerung, die als Sklaven aus Angola nach Peru gebracht worden war, um auf den Baumwoll- und Zucker-Plantagen zu arbeiten. Es entstehen neue Rhythmen, gemischt aus denen von Indios, Afrikanern und Spaniern. Sie schließen typische Instrumente aus Spanien ein, wie die Gitarre und die Kastagnetten unter anderen. Daraus entsteht eine neue Welle von Rhythmen.

Wir zeigen die verschiedenen Instrumente, die damals entstanden, wie der *Cajón*, die *Quijada de Burro*, die *Quajíta* und andere.

In Peru gibt es drei verschiedene natürliche Regionen, die Costa (Küste), die Sierra (das Gebirge) und die Selva (den Dschungel), und alle weisen eine Vielzahl von Rhythmen und Farben in ihren Kostümen auf. Jede Stadt und jedes Dorf hat verschiedene Kostüme und Instrumente.

Dies ist der Reichtum unserer Bräuche.

Kaymy Llaqtay
Lüftiger Hof 6
D-83607 Holzkirchen
Fon: +49(0)80 24 48 349,
Mobil: +49(0)173 29 67 103
Email: victoria@schwarz-holzkirchen.de
Web: www.kaymy-llaqtay.de

Kreolische Musik

Kreolische Musik beginnt mit der Ankunft der Spanier und afrikanischen Sklaven, die von ihnen nach Peru gebracht wurden. Die kreolische Musikkultur in Lima konstruiert in konstanter Weise eine eigene Identität, indem sie importierte Musikgenres und ästhetische Standards transformiert. Beginnend mit dem Wiener Walzer, Mazurkas und spanischen Jotas, sich fortsetzend mit dem Einfluss französischer und italienischer Musik profiliert sich die Volkskultur Limas durch die Transformation und Übernahme von Genres. Außerdem nahm sie auch noch modische Strömungen jeder Epoche auf. So entwickelten sich Ende des 20. Jahrhunderts einige für Lima typische musikalische Formen. Jeder historische Moment, seit der Kolonialzeit bis heute, beeinflusste die musikalische Kultur in unterschiedlicher Weise, durch den Gebrauch der Musikinstrumente, Formen und Inhalte von Gesang und Tanz.

Zu den wichtigsten Gattungen, die im zwanzigsten Jahrhundert gepflegt wurden, gehören der peruanische Walzer, die Peru-Polka, die Marinera Limeña, auch Canto de Jarana genannt, die Marinera Norteña, der Huayano Arequipeño, der Huayano Serrano, der Tondero und der Festejo.

Música criolla

La cultura de la *música criolla* se inicia con la llegada de los españoles y los esclavos africanos que fueron traídos por ellos a Perú. La cultura musical criolla en Lima construye de manera constante una identidad propia, transformando los géneros musicales y adaptando patrones estéticos importados. Desde la presencia de valses de origen vienés, mazurcas, jotas españolas, continuando con la influencia de la música francesa e italiana, la cultura popular limeña se fue perfilando a través de la transformación y decantación de géneros, de tal manera que, aun asumiendo las modas correspondientes a cada época, se gestaron y desarrollaron algunas formas musicales que llegan hasta fines del siglo XX y que identifican lo limeño. Cada momento histórico, desde la época colonial hasta ahora, fue plasmando de diferentes maneras la cultura musical a través de los instrumentos musicales utilizados, las formas y contenidos del canto y de los bailes.

Entre los géneros más importantes, cultivados en el siglo XX se encuentran el vals peruano, la polca peruana, la marinera limeña o canto de jarana, marinera norteña, huayno arequipeño y huayno serrano, el tondero y el festejo.

https://es.wikipedia.org/wiki/Musica_criolla_y_afroperuana

Los Criollos/Latin Music

Der Name der Musikergruppe *Los Criollos* kommt von der Musik, die sie pflegt: *música criolla*, kreolische Musik, insbesondere kreolisch-peruanische Musik.
Die Gruppe *Los Criollos* besteht heute hauptsächlich aus der *Familie Ovalle*: Humberto, Israel, Christian und Joel sowie Verena Bucherer, Lebensgefährtin von Humberto.
Humberto Ovalle und sein Bruder Israel Ovalle wurden in Lima geboren und wuchsen in einer Musikerfamilie auf, in den traditionellen Vierteln der kreolischen Musik, den Barrios Altos. Sie haben die Wurzeln der *música criolla* insbesondere von ihrem Vater Hugo Ovalle übernommen und im Jahre 1994 die Gruppe *Los Criollos* gegründet.
Die Gruppe überträgt an ihre Zuhörer den ganzen Charme der temperamentvollen Rhythmen Spaniens und Lateinamerikas. *Los Criollos* sind eine unvergessliche Attraktion für jede Art von Festen und Events.

El nombre del grupo de músicos *Los Criollos* tiene su origen en la música que cultiva: la *música criolla*, sobre todo la música criolla peruana.
Hoy el grupo se compone básicamente de los miembros de la *familia Ovalle*: Humberto, Israel, Christian y Joel, con Verena Bucherer, pareja de Humberto.
Humberto y su hermano Israel nacieron en Lima y crecieron en el seno de una familia de músicos, en los barrios tradicionales de la *música criolla*, los Barrios Altos. Heredaron las raíces de la música criolla en particular de su padre *Hugo Ovalle* y fundaron el grupo *Los Criollos* en el año 1994.
El grupo lleva todo el encanto de los ritmos temperamentales de España y de América Latina a sus audiencias. *Los Criollos* son una atracción inolvidable para todo tipo de fiestas y eventos.

Los Criollos
Fon: +49 (0)761 58 43 10
Mobil: +49 (0)173 35 10 947
Email: info@loscriollos-freiburg.de
Web: www.loscriollos-freiburg.de

LOS CRIOLLOS

Marinera Norteña

Die Marinera Norteña ist ein peruanischer Nationaltanz. Er zeigt überschwengliches Umwerben der Dame durch den Mann, verspielt, gekonnt und elegant bis dieses tänzerische Kolloquium von Anspielungen und Verführung mit Liebe endet.

La Marinera Norteña es un baile nacional del Perú, en el cual la pareja hace derroche de gracia, habilidad y elegancia, hasta que el coloquio de danza de insinuación y enamoramiento se finaliza con amor.

http://www.marinera.ch/html/lamarinera.html

Clara Kemkens Palacios – Campeona de la Marinera Norteña

Kontakt:/Contacto:
Clara Kempkens Palacios
Email: Clara_b65@hotmail.com
Mobil: +49 (0)176 57 92 13 22

Kia Salsa Company Showgruppe

Firmenfeier, Messe oder private Veranstaltung, die *Kia Salsa Company* bringt alle in Stimmung und animiert die Gäste durch lateinamerikanische Rhythmen zum Mittanzen!

Sea para evento corporativo, exposición o fiesta privada, *Kia Salsa Company* con sus ritmos latinoamericanos, *anima la celebración y* pone a bailar a todos los participantes.

Salsa Company
the latin dance school
www.salsa-company.de

Tanzschule Salsa Company
Mercedesstrasse 9
D-70372 Stuttgart
Fon: +49(0)711 50440251
Mobil:+491742332742
Email: info (at) salsa-company.de
Web: www.salsa-company.de

Joan Louis: Art for the World

„In meinen Bildern spiegeln sich Formen, Landschaften, Farben der Natur, der Tier- und Pflanzenwelt… Fantasiebilder wie in meinen Kinderträumen.Jedes Element in meiner Malerei hat eine wichtige Rolle in Harmonie mit allem, wie bei Mutter Natur."
Joan Louis: GOTT DER SCHÖPFER VON ALLEM

"Mis pinturas reflejan formas, colores y paisajes de la naturaleza, los animales y el mundo de las plantas… Imágenes de la fantasía como en mis sueños de niño. Cada elemento de mi pintura tiene un rol importante en la armonía con el todo, como la Madre Naturaleza."
Joan Louis: DIOS ES EL CREADOR DE TODO

KNIGHT ROSES
Öl auf Leinwand 80 x 80 cm 2016.
© 2004 – 2016 Joan Louis

SYNCHRONY OF POETRY AND LOVE
Öl auf Leinwand 80 x 80 cm 2016.
© 2004 – 2016 Joan Louis

MYSTERIOUS KOVACHII ORCHID
Öl auf Leinwand 80 x 80 cm 2016.
© 2004 – 2016 Joan Louis

Joan Louis

www.art-joanlouis.com

Teil 5
Vereine

Parte 5
Asociaciones

Die peruanische Community – Frankfurt am Main

Die peruanische Community – Frankfurt am Main – Deutschland, organisiert emblematisch kulturelle Veranstaltungen über Peru mit dem Ziel, den künstlerischen Reichtum der Peruaner zu verbreiten: Literatur, Filme, Vorträge, Gastronomie, Tanz, Theater, Musik, Workshops für Malen und Kunsthandwerk. Sie wurde am 14. Oktober 2013 von Jessica Ulloque gegründet und hat seitdem folgendes organisiert:

- Eine Gala de Marinera Norteña, mit starker Unterstützung des Club Libertad von Trujillo in Peru,
- Ein peruanisches Gastronomie-Festival,
- Eine peruanische Kulturmesse mit Kongress,
- Workshops für Marinera Norteña und Limeña,
- Kunstveranstaltungen für Kinder.

Als Non-Profit-Gruppe unterstützt sie auch die Projekte des *Vereins Für die Kinder Perus*.

In Kooperation mit der Stadt Frankfurt am Main berichtet sie über die kulturellen Aktivitäten, die während des ganzen Jahres stattfinden.

La Comunidad Peruana – Frankfurt am Main

La Comunidad Peruana – Frankfurt am Main – Alemania, organiza de forma emblemática eventos culturales del Perú, con el fin de difundir la riqueza artística de los peruanos: literatura, cine, conferencias, gastronomía, danzas, teatro, música, talleres de pintura y artesanía. Fue creada el 14 de octubre del 2013 por Jessica Ulloque y desde entonces ha organizado los siguientes eventos:

- Gala de Marinera Norteña con el apoyo cordial del Club Libertad de Trujillo – Perú,
- Festival Gastronómico del Perú,
- Congreso y Feria Cultural del Perú,
- Talleres de Marinera Norteña y Limeña,
- Eventos artísticos para niños.

Además apoya sin fines de lucro los proyectos de la asociación *Por los niños del Perú*.

En cooperación con la ciudad Frankfurt am Main informa de las actividades culturales que se realizan durante todo el año.

Die peruanische Community – Frankfurt am Main
La Comunidad Peruana – Frankfurt am Main
Fon: +49 (0)176 72 16 32 50
Email: jessica_debode@yahoo.de

HERZEN FÜR EINE NEUE WELT eV
Unterstützen Sie ein Herzensprojekt
Pate für ein Kind werden
Bildung fördern: Patenschaften für Lehrer
Tägliche Schulspeisung für Schüler ermöglichen
Schüler-Patenschaft
Von einer Patenschaft, einer einmaligen Spende bis hin zu „Feiern für Peru". Es gibt eine Reihe von Möglichkeiten, wie Sie unsere Hilfsprojekte unterstützen können.
Erfahren Sie mehr:
www.herzenhelfen.de

Herzen für eine Neue Welt e. V. & Corazones para Perú

Der 1998 in Königstein im Taunus gegründete Verein *Herzen für eine Neue Welt e. V.* hilft in enger Zusammenarbeit mit dem peruanischen Verein *Corazones para Perú* die Lebensbedingungen der Menschen insbesondere der Kinder und Frauen in den Anden Perus in der Region Cusco nachhaltig zu verbessern.

Seit der Gründung der Vereine sind sowohl die Spenden als auch die Aktivitäten in Peru gewachsen. Das Kinderdorf *Munaychay* im Chicontal bei Urubamba schenkt 70 Waisenkindern ein liebevolles Zuhause. Zwei Gesundheitsstationen in San Isidro, Chicon und in Huilloc bieten der Landbevölkerung eine kostenlose medizinische Versorgung. Es gibt ein Projekt für Menschen mit Behinderung, ein Kinderhort zur Unterstützung alleinstehender Frauen und ein Heim für erwachsene Jugendliche aus dem Kinderdorf sowie diverse Projekte im Schulnetzwerk. Jeden Tag erhalten 1.100 Schulkinder eine warme Mahlzeit.

Die Aktivitäten werden ergänzt durch ein Agrarzentrum und ein Bewaldungsprogramm im Chicontal sowie eine Forellenzuchtanlage und ein Restaurant in Zusammenarbeit mit der Gemeinde Huilloc. Jedes Jahr unterstützen 15 deutsche junge Freiwillige das Projekt und arbeiten ein Jahr lang in den verschiedenen Bereichen. All das ist möglich geworden durch insgesamt 5,5 Mio. Euro Spenden, die der Verein bisher in Deutschland gesammelt und vor Ort in Peru gemeinnützig investiert hat.

Zahlreiche Kooperationen haben einen einzigartigen und bleibenden Fußabdruck nicht nur in den Herzen der Kinder hinterlassen.

Herzen für eine Neue Welt e. V.
Gemeinnütziger Verein
Hauptstr. 21a
D-61462 Königstein
Fon: +49 (0)6174 96 82 453
Email: mail@herzenhelfen.de
Web: www.herzenhelfen.de

Jetzt
spenden
HERZEN FÜR EINE NEUE WELT eV
www.herzenhelfen.de

Corazones para Perú

La asociación social *Herzen für eine Neue Welt e. V.* se fundó en 1998 y trabaja estrechamente con la asociación no gubernamental sin fines de lucro *Corazones para Perú* con el objetivo de mejorar de forma sostenible las condiciones de vida del sector más pobre de la sociedad peruana, especialmente las de niños y mujeres que viven en la Sierra del Perú, en la región de Cusco.

El monto de las donaciones y de las actividades en el Perú ha crecido mucho desde su fundación. La aldea infantil *Munaychay*, en el valle del Chicón en Urubamba, alberga con cariño y da formación a 70 huérfanos. Dos postas de salud en San Isidro, Chicón y en la localidad de Huilloc ofrecen atención médica a los más necesitados. Se ha formado un centro para personas con discapacidades en Urubamba, una guardería infantil para hijos de madres jóvenes solteras, una residencia para los jóvenes mayores de edad que han dejado la aldea infantil pero no han terminado su formación, así como diversos proyectos de fomento escolar. Apoyamos la mejora de la calidad educativa y damos una complementación alimentaria a 1100 niños por día.

Estas actividades son complementadas con un centro agrícola para el mejor abastecimiento de los niños, un programa de reforestación en el valle del Chicón, así como un criadero de truchas y un restaurante, todos proyectos que se llevan adelante junto con la comunidad de la localidad de Huilloc.

Quince voluntarios alemanes apoyan el proyecto en sus diferentes facetas cada año. Todo esto ha sido posible gracias a donaciones privadas por un monto de más de 5,5 millones de euros que ha recaudado la asociación en Alemania y que han sido invertidas en obras de beneficencia en el Perú.

Diversas cooperaciones han dejado una huella única y permanente, no solo en el corazón de los niños del Perú.

Corazones para Perú
Jr. Mainique No 629
Urubamba/Cusco/ Perú
Fon: +51 84 20 50 20
Email: mail@corazonesparaperu.com
Web: www.corazonesparaperu.com

Weitere peruanische Gruppen und Vereine

Otros grupos y asociaciones peruanas

Freundeskreis Peru Amazonico e. V.
www.peru-amazonico.de

Raymi Perú e. V.
Peruanischer Kulturverein
www.raymiperu.de

Illary (Sonnenaufgang)
Peruanischer Kulturverein e. V.
www.illary-peru.de

Asociación Cultural Peruana „Chasqui" e. V.
www.elchasqui.de

Asociación Peruana „Los Inkas"
(Peruanischer Verein „Die Inkas") e. V.
c/o www.circulo-latino.de

Deutsch-Peruanischer Kulturverein Bremen e. V.
www.peruinbremen.com

Amancay – Begegnung auf Augenhöhe e. V.
www.amancay-ev.org

Peru Gruppe München
c/o www.nordsuedforum.de

Peru-Gruppe Heubach e. V.
www.peru-gruppe-heubach.de

Hermandad del Señor De Los Milagros De Munich e. V.
www.hermandad-milagros-munich.de

Annexe

Anexo

Feiertage in Peru

Días festivos y festividades en Perú

1. Januar	Neujahr
Februar	Maskenkarneval mit Folklore-Tänzen Puno (Virgen de la Candelaria) – Wasserbomben und Schaumschlacht
März	Vendima Festival in Ica mit Feiern zur Traubenernte
20. März	Blumenfest im Andenhochland (Paucawaray)
März – April	Osterprozessionen (Semana Santa)/Fest zu Ehren des Erdbebenheiligen in Cusco an Ostermontag (Señor de los temblores)
1. Mai	Tag der Arbeit (Día de los trabajadores)
2. Mai	Das Fest der Kreuze in Cusco (Cruz Velacuy)
Mai/Juni	Fronleichnam (Corpus Christi)
Juni	Pilgerwanderung Schneesternfest (Qoyllur R'iti)
24. Juni	Sonnenfest der Inka in Cusco (Inti Raymi)
15./17.J uli	Maskenkarneval in Paucartambo (Virgen de la Carmen)
28./29. Juli	Unabhängigkeitstag (Día de la Independencia)
15. August	Maria Himmelfahrt (Virgen de la Asunción)
30. August	Fest zu Ehren der heiligen Rosa von Lima (Santa Rosa de Lima)
September:	Warachikuy Ritual in Cusco
22.-26. Sept.	Mondfest im Andenhochland (Coya Raymi)
18./19. Okt.	Señor de los Milagros in Lima
1. November	Allerheiligen (Día de Todos los Santos)
25. Dezember	Weihnachten (Navidad)
31. Dezember	Silvester (Noche de San Silvestre)

Quelle: http://info-peru.de/

Deutschland in Peru

Alemania en el Perú

Botschaft der Bundesrepublik Deutschland

Embajada de la República Federal de Alemania

Av. Dionisio Derteano 144
Edificio Alto Caral, Pisos 7 & 8
San Isidro – Lima 27
Fon: +51 (1) 20 35 940
Fax: +51 (1) 42 24 813
Email: info@lima.diplo.de
Web: http://www.lima.diplo.de/
Sprechzeiten/Horas de atención
Montag – Donnerstag 08:00 – 16:30 Uhr, Freitag 08:00 – 13:30 Uhr
Lunes – Jueves 08:00 – 16:30 horas, Viernes 08:00 – 13:30 horas

Germany Trade & Invest (GTAI)

– Gesellschaft für Außenwirtschaft und Standortmarketing mbH (GTAI)

c/o Botschaft der Bundesrepublik Deutschland
Embajada de la República Federal de Alemania
Kontakt: anne.litzbarski@gtai.de
www.gtai.de/peru

Deutsch-Peruanische Industrie- und Handelskammer

Cámara de Comercio e Indústria Peruano-Alemana

Camino Real 348, oficina 1502
Lima 27 – San Isidro
Fon: +51 (1) 44 18 616
Email: info@camara-alemana.org.pe
Web: http://peru.ahk.de

Dirección Postal:
Casilla Postal 27-0069, Lima 27, Perú

Bildquellen/Créditos de ilustraciones

Seite/página	
16	Cross-Culture Publishing
17	Embajada del Perú, Berlin
19	ConsuladoGeneral del Perú,Munich
26–33	Kaffee Siddhartha GmbH
38–40	Premium Foods GmbH
42–45	Knauer & Knauer GmbH
46–51	BTAC Europe GmbH
52–53	Süße Hoffnung UG
54–59	Condor Pasa Huánaco
60–63	Millwa Fashion
64-69	mariposa trade fair
70-75	Mama Ocllo Import UG
76	Bunte-Handtaschen.de
78	Bonita Peruanischer Silberschmuck
80-83	Manufaktur KLANGspiel
108	Informationsstelle Peru e. V.
111	Reisebüro Cono Sur
112-114	KulturKontakt Peru
116-117	Inside Peru
118	Valery E.Macht
120	https://es.wikipedia.org/wiki/Gastronomía_del_Perú
122-127	Restaurant Sabor Latino
128-131	Cebiche Berlin GbR
134-137	Café Inka Eis
138	https://es.wikipedia.org/wiki/Chenopodium_quinoa
139	Restaurant Miraflores
142	https://es.wikipedia.org/wiki/Causa_a_la_limeña
143	Restaurant Causas Peru
144	http://info.bolivien-kunsthandwerk.com
145	Restaurant Ekeko
146	wikipedia.org
147	Restaurant Pachamama
148	https://es.wikipedia.org/wiki/Maria_Reiche
149	Colibri Restaurant und https://es.wikipedia.org/wiki/Gastronomía_del_Perú
150	https://es.wikipedia.org/wiki/Anexo:Aves_del_Peru.
151	Restaurant El Mirador
154,156	Centro Cultural del Perú e. V.
158,159	Kaymy Llataqui e. V.
161	Los Criollos
162	Clara Kempkens
163	Salsa Company
164	Art Joan Louis
168,170	Herzen helfen e. V.